产教融合促进专业建设和教学改革的研究与实践

马　青　沈灿钢　主编

天津出版传媒集团
天津科学技术出版社

图书在版编目（CIP）数据

产教融合促进专业建设和教学改革的研究与实践 / 马青，沈灿钢主编. -- 天津 : 天津科学技术出版社, 2023.6

ISBN 978-7-5742-1333-3

Ⅰ. ①产… Ⅱ. ①马… ②沈… Ⅲ. ①高等职业教育－产学合作－人才培养－研究－中国 Ⅳ. ①G718.5

中国国家版本馆CIP数据核字(2023)第113722号

产教融合促进专业建设和教学改革的研究与实践

CHANJIAO RONGHE CUJIN ZHUANYE JIANSHE HE JIAOXUE GAIGE DE YANJIU YU SHIJIAN

责任编辑： 陶 雨

出版： 天津出版传媒集团 / 天津科学技术出版社

地址：天津市西康路35号

邮编：300051

电话：（022）23332400

网址：www.tjkjcbs.com.cn

发行：新华书店经销

印刷：北京宝莲鸿图科技有限公司

开本 787×1092 1/16 印张 10.5 字数 240 000

2023年6月第1版第1次印刷

定价：68.00元

前 言

产教融合是实现校企“双赢”、全面提升的重要手段和有效途径，是高校教育价值、社会价值和经济价值的集中体现。通过完善制度建设、优化课程设置、创新办学模式、打造双师团队、提高企业认识等，可以助推高校产教融合科学模式的构建与实施。高校教育是中国经济高速、高质量发展和信息技术高速发展叠加环境下成长起来的高等教育新类型，满足适龄青年进入高校学习并掌握就业技能的需求，是我国高等学校发展的重要动力。

产教融合、校企合作培养技术技能人才是国际职业教育成功国家的共同规律。呼唤和渴求产教融合、校企合作培育技术技能人才在我国有着深刻的教育和经济背景。从教育方面看，近一段时期以来，我国职业教育的一大特色是以高校为主体培养初入职的技术技能人才，经济领域行业企业相对脱离于人才的正规职业准备教育，出现了高校对产教融合、校企合作共同育人和研发的需求格外强烈，然而困难也格外多的情景。从经济领域看，我国正在进入工业化中期，努力实现产业升级转型、建立创新驱动的现代产业体系，对复合型和创新型技术技能人才的需求在倒逼行业企业做出变革。从中国高职教育的大发展来看，坚持产教融合是其发展壮大的关键，也是其实践探索取得的重要经验。深化产教融合要求高职教育必须解决现存问题，进一步将产业先进技术、优秀文化和发展需求融入专业教学，深入推进产业界、教育界的有机衔接，以保证高职教育事业的可持续发展，

本书深化产教融合、校企合作，进一步推动职业教育教学改革，提高教师教学水平和教学研究能力，围绕“深化产教融合、校企合作，推动职业教育教学改革”的主题，开展对“产教融合、校企合作体制机制创新”“现代学徒制人才培养模式探索与实践”等议题的讨论。

本书对产教融合校企合作体制机制创新、现代学徒制人才培养模式探索与实践、教育衔接、课程开发与教材建设、高校课堂教学改革与创新、高校教师实践能力提升与专业发展等方面展开研讨。全书教学理论与教学实践相结合，以期对高校教育教学改革有所启发，提高高校教师教学水平和教学研究能力，促进高校教育创新发展。

目录

第一章　产教融合的理论基础

第一节　相关构想界定

一、产教融合

（一）产教融合的含义

产教融合作为一个新出现的相关构想目前尚无统一的定义，产教融合最早由高等职业院校提出，并且由高等职业院校根据其人才培养特点提出，现在已经扩展到各个层次的教育之中。

在我国教育体系中，产教融合的两个主体是学校与产业行业，通过产学研一体化的深度合作，可以提高人才培养的产教融合的水平，从而实现双赢。传统的人才培养中学校也非常重视校企之间的合作与协同培养，但是校企合作的层次有限，无法实现深度的人才培养和发展。产教融合与校企合作的最大区别主要还是在于双方合作的程度，产教融合的形式多种多样，最核心的就是双方要形成稳定、高效、深层次的合作关系，通过提升人才培养水平促进企业发展和办学实力的提升。不论哪种形式的产教融合最终都会提升学生的个人素养和就业能力，企业也因此获得了更多宝贵的人才，缩短了人才与企业之间的磨合期。最终所能产生的连锁效应会不断助推区域经济向前发展，从而实现共赢。产教融合让越来越多的用人单位和高校看到了机会和希望，其也非常愿意参与到其中，所以产教融合的发展也逐渐进入了快车道。

传统的产教融合指的是职业院校把所开设的专业进行社会主义市场经济产业化发展，把产业发展的经验和技术引入教学之中，通过产业与教学之间的融会贯通强化学校和企业之间的合作关系，从而优化传统的办学模式。越来越多的高校也在探索产业引入专业，所以上述相关构想中的职业院校可以扩展为高等学校。但是职业院校和高等学校的产教融合又存在着比较大的差异，就是职业院校的产教融合进行得更加彻底和全面，也更容易获得企业的认同。高等学校在发展产教融合方面存在一定的弱势，这主要是不同层次的教育目标所导致的。

虽然职业院校在产教融合方面取得了比较好的成绩，但是不同地区、不同类型的职业院校存在着比较大的差异。在的调研中发现，经济发达地区的产教融合发展得非常深入和全面，对助推地方经济的发展也有着重要的助推价值。大家也探索出了丰富的产教融合经验，这些经验具有比较强的地方性和产业性，要想大面积地复制和推广存在一定的困难。但是，在对调研对象的经验进行抽象和提炼之后又总结出了本研究中的观点。

产教融合对于学生、学校、产业和社会来说是一个多方共赢的机制，尤其是对于学生来说，既能够提升专业能力又能够为以后立足社会提供保障。传统的职业院校虽然给学生提供了实习的条件和场所，但是由于各种条件的限制导致了实习缺乏针对性和激励性。产教融合中有大量的实习、实践机会，而且这种实践是经过专门设计的、有针对性，与在校期间所学知识融会贯通的实践。传统的职业院校学生实践的一个很大弊端就是缺乏针对性，这导致了学生所学与所用之间无法实现无缝对接，而产教融合能够弥补传统实践存在的缺点。

产教融合的学生实践就是把课堂所学到的知识应用到实践之中，在课程设计上就存在着对应性，这是一个非常好的现象。产教融合会涉及每一门课程，从专业培养目标入手，学校与企业在充分合作的基础上共同制定培养目标以及课程标准。所涉及的骨干课程均是理论与实践高度相结合，这就可以让学生带着问题学知识，并且在实践中解决问题。形成了一个遇到问题、解决问题的良性循环。通过产教融合培养出来的学生，在动手能力和解决问题的能力方面具有更强的优势，他们可以更加灵活地对问题进行分析并且选择合理的方式进行解决。这种人才培养模式的改变还在很大程度上改善了学生的三观，从而培养出更多能够为建设社会主义服务的优秀人才。不仅如此，产教融合还会激发出学生创造、创新的愿望和热情，激励他们在实践中不断探索、不断创新，而这种创新意识、创新能力、创新人才的培养正是我们职业教育的办学方向。

产教融合不仅可以让企业参与其中，而在有条件的学校，其也可以自己创办企业，以学生为主体进行发展；学生在整个过程中可以取得一定的报酬，这客观上也为学生工读结合、勤工俭学创造了条件，还能够解决贫困学生的学费和生活费用问题，为精准扶贫提供支持和保障。

产教融合在更大层面上能够为助推地方经济发展提供专门的服务，因为我国的职业院校多为地方性的，其最主要的作用就是服务于地方经济发展。我国当前的职业教育是以就业为导向的教育，在社会主义市场经济制度之下主要以培养技能型人才为主要目标，技能型人才的特点非常明显，培养的是生产、建设、管理和服务第一线需要的高技能人才。这类人才具有鲜明的职业性、技能性、实用性等岗位特点——简单地说就是工作在第一线，懂技术、会操作、能管理的技术员。

产教融合的培养思路就是在上述背景之下产生的，为了满足需求而改进相应的教育策略，这是我国教育不断改革、发展和完善的重要体现，也应当受到更加广泛的关注。产教融合的重要参与对象是企业，在融合的过程中要格外注重对企业需求的满足。只有充分调动企业的积极性和资源才能实现产教融合效果的最大化，据调研显示，当前进行产教融合的企业多数为生产制造型企业，这对学校提出了新的要求，学校也应针对企业所需的产品与技术进行开发，以实现学校培养人才、研发产品和技术服务的三大功能。为使企业需求与学校教学无缝衔接，与技术发展方向合拍，就必须依靠和吸收企业技术骨干、学者专家参与培养目标的研讨、教学计划的制订。产教融合的基础是“产”，即必须以真实的产品生产为前提，在这样的基础和氛围中进行专业实践教学，学生才能学到真本领，教师才能教出真水平。这样的“产”不能是单纯的工厂生产，必须与教学紧密结合，其目的是“教”，在产教融合比较成熟的情况下，再逐步向“产、学、研”发展。学校真正形成了“产、学、研”的能力，职业学校适应了市场的需要，形成的发展能力就落到了实处，做强做优也就有了基础。

目前已经有的产教融合主要是根据学校和企业的情况双方进行深度融合，正如前面所提到的全社会还没有形成一套完整的、可以通用的经验。对已经完成的调研总结出当前教育界比较常用的一些做法。产教融合的发展实际上是经历了一段时间的摸索，学校和企业在探索中寻求最佳的解决途径。在产教融合中学校和企业始终坚持“双赢”原则，实施责任共担，这就形成了一种具有约束力的制度保证。一些比较主流的做法就是引入社会上管理和技术较为先进的企业，企业愿意加盟校企合作，通过利用该校的设备，进行产品生产，在生产过程中引入教学内容，校企共同制定产教融合的实施性教学生产计划，让教师学到技术，让学生加入生产，让生产产生效益，学校和企业共同发展，共生共荣。

几十年来，我国的社会主义市场经济取得了非常大的进步，经济的进步和发展对我国的高等职业教育产生了具有深远意义的影响，这种影响包括：为我国高等职业教育提供了很好的校企合作环境、为高校毕业生提供了工作和实习场所，也为高校培养了大量的双师型教师。当然，经济的进步对职业教育的影响远不止如此，实际上中国经济产教融合水平的提升就是依靠人才素质的不断提升实现的。

在经济发展的大背景之下，应用型本科也应运而生，并且加入了高等职业教育的大家庭。在实践型人力资源理念的指导下，培养合格师资的任务将会更加艰巨。应用型本科要想实现发展目标就要提升校企合作的产教融合的水平、增加校企合作的数量。经济的发展和社会的进步对教育提出了更高的要求，这种要求主要体现在对人才产教融合水平的要求不断提高。应用型本科要能根据社会经济发展的需要灵活调整人才培养方案，提供可供经济社会发展需要的社会服务，并能开展科学技术研究，为相关行业提供前沿的技术指导，为社会经济的发展提供技术支持。总之，应用型高校要不断调整自身的发展适应经济发展的需要，并且争取成为经济发展的助推力量。正是基于此，在社会主义市场经济背景下，高等职教育“产教融合”是一种产、学、研“三位一体”的融合模式，不仅具备教育和企业的多种功能，还具备随时应变产业结构调整和参与市场竞争的能力，是在学校、企业、行业以及社会相关部门的不同程度参与下形成的一种新的社会组织结构，肩负着助推高等职业教育改革和社会经济发展的重任。从这个角度来说，产教融合的发展在很大程度上会影响经济发展，进而也会影响两个一百年目标的实现。

（二）产教融合的特点

产教融合在国内和国外经过了多年的发展取得了一些经验，在梳理国内外产教融合发展经验的基础上可以总结出所具有的一些特点。我国在产教融合方面也取得了一些成绩，早期的产教融合以校企合作的形式存在，其中几个典型模式分别是“学院+创业中心区”“专业+大型企业”“专业+龙头企业+企业联盟”“专业+校办企业”“专业+行业协会”等。上述五种模式都是职业院校结合当地经济发展而创造出来的，具备了初步的产教融合特性。

这些模式都不同程度地促进了高等职业教育的发展和产教融合的深入，但主要侧重于产、学结合，结合的内容没有达到“产教融合”的广度，也没有体现高等职业教育的高度和校企合作的深度，整体生态不能达到“产教融合”的效果，其成功经验也难以推广和复制。在以往的研究中，曾经提出过“四位一体”技术平台的校企合作模型，其基本上具备了“产、学、研三位一体”的功能。但是，当初的研究仅限于职教集团背景下，并没有将其纳入社会主义市场经济背景下开展研究，也难以适应社会主义市场经济发展变化的需要。研究的学校也仅限于职业教育的中专和专科层面，并没有将应用型本科纳入其中。为适应社会主义市场经济中产业结构的不断调整和变化，高等职业教育的“产教融合”必须是行业、产业、企业和专科以及应用型本科院校等多方主体活动特点的融合和体现，并具有新的特质和功能。

1. 立体式融合

社会主义市场经济追求的是多元化，产教融合服务于社会主义市场经济，所以其发展的路径也必然要受到社会主义市场经济的影响。产教融合在发展中也更加注重立体式的融合。立体式融合区别于平面融合，从融合的层次来说校企合作属于层次比较低的融合，也就是平面融合。产教融合是高层次的融合，可以说是立体式的融合，它打破了原有单一合作或双向合作的局限，在产、学、研三方面进行全面、深入的合作，融合后的组织结合了生产、教学和科研的特点，不仅自身是生产的主体，具有企业创造经济效益的功能，而且能提供产业发展需要的专业技术人才，为产业的可持续发展提供源源不断的智力支持。通过对比产教融合培养出来的人才与传统模式培养出来的人才，就可以发现二者存在着比较大的差异，产教融合模式下培养出来的人才具备更强的可持续发展能力。从另一个角度来说，企业的需求也能为学校的教育教学改革提供方向和目标，保证了高等职业教育能满足行业需要。融合的组织能科学配置内部资源并开展基础研究、应用研究和开发性研究，为产业发展提供有力的技术支持，为学校教育内容的更新提供最前沿的信息资源，保证了教育与时俱进。三者融合在一起，形成一个良性的循环体系，开展教学、科研、生产等服务活动，在促进内部发展的同时，不断向外辐射，发挥其更大的社会效应和作用。这种立体式的融合对于经济发展和社会进步都有着非常重要的助推价值，反过来也促进了教育的发展和进步。

2. 社会主义市场经济产业化发展的融合

社会主义市场经济产业化发展是指某种产业在社会主义市场经济条件下，以行业和企业的真实需要为导向、以实现效益为目标、依靠专业服务和产教融合的水平管理形成的系列化和品牌化的经营方式和组织结构，其基本特点是：面向市场、行业优势、规模经营、专业分工、相关行业配合、龙头带动、市场化运作。对于不符合市场需求的项目，要遵循市场进退机制，及时终止不必要的投入，避免产教融合运作过程中机制的片面性。所以，社会主义市场经济产业化发展的产教融合是一种面向市场需求的融合，在产、学、研三方面做大做强，分工合作，强强联合，能创造出良好的市场发展前景，具备其他组织无法复制的竞争优势，形成自己的品牌，在市场中具备核心竞争力，并且能形成一定的规模，带动其他合作项目不断深入开展，严格按照市场规律来开展活动。

3. 以企业需求为出发点

教育是以培养人才为主要目标的，早期的教育在人才培养中不是十分注重与企业之间的对接，产教融合在培养目标方面领先于传统的教育，产教融合的出发点是企业的需求。企业参与到人才培养的全过程之中，能够将自身的需求以最大化的形式表达出来，并且在课程设计中逐个满足。传统的高等职业教育产教融合实践过程中，搞形式、走过场、学校“一头热”的现象并不少见，每所高等职业院校在产教融合实践中都会遇到这种现象。通过分析可以发现，导致这种现象出现的原因很多，主要是双方在合作的早期并未找到能够让彼此共赢的路径。而很多企业迫于政策的压力或是学校的单方意愿，在没有找到双方合作的需求点时就盲目开展形式上的校企合作，合作之前双方缺乏严谨的调研。

这样的产教融合违背了社会主义市场经济的需求导向，不可能产生有益的效果。真正实现产教融合的组织，能够以企业、学校和相关合作部门的需求为前提，结合各种市场正在发生的变化，明确市场的供需状况，确定各自的实际需求，寻求利益结合点开展相关合作，在满足自身需求的同时，能为市场的供给和需求的均衡做出一定的贡献，并能根据供给和需求的均衡变化，调整自己的需求发展战略，这样不仅解决了合作的随意性、被迫性问题，也提高了合作双方的积极性与主动性。

4. 多主体管理的融合

产教融合就是一个重新确立组织主体地位的过程，也是在社会主义市场经济条件下产教融合活动获得法治保障的关键要素。以往很多的校企合作活动难以实现产教融合的关键原因，主要还是在于没有明确各个主体之间的权利和义务关系，关系的不明确导致了合作的问题，从而影响了校企合作的发展。产教融合的主体正在悄然之间发生着变化，已经从学校转移到了企业和行业，这种变化既与当前的社会发展有关，也与教育的进步有关。正是基于此，在有效的产教融合组织中，学校、企业、政府、行业协会等分工合作、共同管理，在开展任何活动之前，都应明确各自的权利和义务，并对其后果承担最终的法律责任。这样不仅可以增强企事业单位对此项工作的责任意识，发挥其主人翁地位，也可以让学校和合作单位在此项活动中的管理工作更为合法、有序，避免了产教融合管理工作的零乱性。

二、实践型人力资源

实践型人力资源是根据社会发展的需要而出现的新生事物，实践型人力资源主要是指能将专业的技能和专业的知识应用于所从事工作的一种具有更强动手能力的人才，实践型人力资源需要熟练掌握企业工作所需要的基础知识和基本技能，实践型人力资源主要是指一线从事操作的专业技术人才。主要从事一线生产的技术或专业人才，其具体内涵是随着高等教育历史的发展而不断发展的。总之，实践型人力资源是具有实际技能的人，是能把理论应用于实践的人才。实践型人力资源培养要以能力的培养为中心，突出培养每个学生的思考、掌握、应用知识的能力为主要方针，以让学生未来适应社会的需要、适应经济发展为主要目标。地方工科院校中的实践型人力资源指的是使用型比较强的、大众化的、本科层次的技能人才。按照行业领域、学科专业、教育层次、岗位职位等不同的分类标准，可以将人才划分为不同的类型，我们把从事揭示事物发展客观规律的科学研究人员称为研究型人才，而把科学原理应用到社会实践并转化为产品的工作人员称为应用型人才。这种人才的能力体系也是以一线生产的实际需要为核心目标的，在能力培养中特别突出对基本知识的熟练掌握和灵活应用，比较而言，对于科研开发能力就没有了更高的要求。实践型人力资源的培养过程更强调与一线实践知识的传授的结合，更加重视实践性教学环节，如实验教学、生产实习等，通常将此作为学生贯通有关专业知识和集合有关专业技能的重要教学活动，而对于研究型人才培养模式中特别重视的毕业论文，一般就不会有过高的要求。实践型人力资源和其他人才相比，属于一种中间人才，既有一般人才应具有的理论知识，同时又必须有较强的理论技能，这样的要求是比较高的。

与其他类型人才培养模式相比较，实践型人力资源培养模式主要有以下特点：

第一，这种人才的知识结构是围绕着一线生产的实际需要加以设计的，在课程设置和教材建设等基本工作环节上，特别强调基础、成熟和适用的知识，而相对忽略对学科体系的强烈追求和对前沿性未知领域的高度关注。

第二，构架出一套完善的人才知识、思维、能力、素质全面发展的结构，优化专业教学计划，整合学科教学内容，为我国培养出更多、更出众的一专多能型实践型人力资源。同时，不同层次的实践型人力资源在培养定位上也是不同的。

总之，实践型人力资源主要是应用知识而非科学发现和创造新知，社会对这种人才有着广泛的需求，在社会工业化乃至信息化的过程中，社会对这种人才的需求占有较大比重，应该是大众化高等教育必须重视的人才培养模式，也正是这种巨大的人才需求，才为高等职业院校的发展提供了广阔的空间。这种人才同样需要经历一个复杂的培养过程，同样也能反映一所学校的办学水平。

此外，高等职业院校注重产教融合的水平和达到的高度的原则不仅体现在高等职业院校自身专业设置、教学层面、管理产教融合的水平等微观方面，还体现在高等职业院校在宏观上将产教融合办学模式提高到一定层次，提高为学生、行业企业、政府及社会经济发展服务的能力。同时，不能不顾实际，盲目地与企业合作，为了产教融合而产教融合。高等职业院校要避免片面追求合作行业企业的数量、合作的规模以及合作的速度等短视行为，应在保持自身优势资源、提高自身产教融合的水平的同时，注重提高与行业企业、商业协会以及培训机构等多方主体合作的产教融合的水平及合作的深度，注重与地方政府、行业企业、商业协会等主体形成互利共赢，注重可持续和长远发展，注重兼顾社会效益和经济效益的合作关系。

三、产教融合生态圈

产教融合生态圈是本研究的一个创新之处，主要在于把产业、教育、社会发展等相关利益群体融合到一起，从而构建出一个全新的事物，即产教融合生态圈，这一生态圈的构建有利于助推整体教育水平的提升。

生态圈即生物圈，在整体生态中，不同物种在物质形态上以群体的形式共存于整体生态的大环境中，群体之间构成特定的关系链条，在这个圈内按一定的规划实现相互储存。产教融合生态圈是指高等院校以自身为主体，在地方政府的支持下，围绕地方产业经济发展，积极与地方工业园区开展深入的战略合作。地球上所有的生物与其环境的总和就构成了生物圈。生物圈是所有生物链的统称，它包含了生物链上所有生物、生态环境和生态系统等，又分为森林生态系统、草原生态系统和湿地生态系统等。生态圈具有可持续性、相对稳定和自动平衡等特性。产教融合生态圈的构建有利于教育水平的进步，需要多个部门的协同参与。通过政府部门的统筹参与，一方面为高校进行校企合作搭建平台，另一方面为企业参与校企合作出台更多鼓励政策。在此过程中，高校为地方区域经济发展提供智力驱动，企业为区域经济发展提供经济驱动。通过校企合作，高校人才培养产教融合的水平得以提高，学校抓住市场的脉搏，办学形成特色，同时也使更多的社会资源转化为教学资源；企业急需实践型人力资源缺口得到填补，企业经济效益得以提高；区域经济得到较好发展，地方政府经济实力得到较好提升；促使学校与企业开展更深入与全面的各种类型合作，构建一个稳定、持续和高效的合作关系，从而形成一个共生共赢的产教融合生态圈。

四、产教融合的构建原则

产教融合的发展已经逐渐由萌芽发展成了一个成熟的制度，产教融合制度包括了教育、经济、产业和社会发展制度，这些制度只有协同发展才能发挥最大的效应。成功的产教融合制度将构建政府、学校和社会三方新型合作与成长关系，通过这种协同促进形成政府对产教融合进行宏观管理、高校能够自主办学、社会广泛参与的全新产教融合格局，支持社会、行业、企业以资本、知识、技术、管理等要素参与举办职业教育，从而建立健全政府主导、社会参与、办学主体多元、办学形式多样、充满了蓬勃生机的高职教育办学体制，具备政府、行业、企业和高校等多方主体协同融合，推进校企全过程培养人才的特点。根据产教融合的特点，高校构建高校的大学生双创教育机制应遵循以下原则。

（一）多主体原则

产教融合需要多个主体参与其中，这个原则已经被证明为一个非常重要的原则。高校实施的大学生双创教育涉及政府、学校、行业与企业、学生、社会五大主体，他们在产教融合中实施职业院校的大学生双创教育承担相应的职能，双创教育也是一个重要的主体，参与到产教融合之中，助推了产教融合的向前发展。全社会要通过舆论的倡导和创业文化的弘扬，促进整个社会民众的心理意识、思想观念、行为准则、习惯以及价值观的转换。同时，让社会力量参与高校的大学生双创教育督导评估工作，形成全社会的推进合力。作为推进校企一体化协同育人模式的另一个执行主体，它们应该与高校对接，形成两个执行主体的合力。要改革校企共建的就业前实践的专门基地建设机制，从资金、设备、场地上为高职大学生创业实践提供硬件条件，使其在现代企业管理的真实环境中掌握社会主义市场经济运作的技术，在职业技能培养中同步培养创业素质。高职大学生要转换思想观念，提高双创教育在个人成长成才和促进就业及助推社会经济发展中作用的认识，将其内化为自觉行动。在高职教育产教融合中，注重培养产教融合的水平原则包括注重高等职业院校自身人才培养产教融合的水平和产教融合培养产教融合的水平，高等职业院校人才培养产教融合的水平影响着产教融合培养产教融合的水平。

1. 政府是高校的大学生双创教育的领导和管理主体

高校的大学生双创教育发展是否顺利很大程度上取决于政府的支持与助推。正是基于此，国家在宏观层面上政策引领、措施落实、监督和服务体系的搭建都是非常重要的，必须通过出台法律、法规和政策来引导支持和促进职业教育与行业企业深度融合，发展职业院校的大学生双创教育。

2. 学校是高校大学生双创教育的主要执行主体

高校发挥着为社会提供创业创新人才历史重任的主导作用，承担了高校大学生双创教育最重要的角色和职能。

3. 行业和企业是高校大学生双创教育的对接主体和受益主体

具有创业创新素质的高端技能人才，将有力地提升生产力，助推产业创新和转型升级，提高企业的竞争力和效益，最终使行业和企业受益。

（二）自组织原则

产教融合的发展在探索时期主要是依靠学校和企业的自组织发展，在这样的发展过程中，自组织发展逐渐成为一种共识，自组织是指客观事物自身的结构化、有机化、有序化和系统化的过程。职业院校的大学生双创教育各实施主体开展高校大学生双创教育包含自组织行为，具有自组织演变的特性。政府只有在逐渐意识到产教融合发展需要进行调控的时候，这种自组织原则才逐渐被打破。在高职教育产教融合过程中运用产教融合的水平原则，用符合性、适用性及经济性三个层次去检验产教融合人才培养产教融合的水平情况。用符合性检验人才培养与市场用工需求间的匹配程度；用适用性检验所培养的人才是否适应行业企业相应岗位的具体工作；用经济性检验人才将创造的经济效益情况。在这里有必要论述高职院校发展的特点，主要有以下三个特点：第一，职业院校的大学生双创教育具有开放性特点，创业能力培养要求突破以往教育体系的封闭性，与社会进行开放式互动教学。第二，职业院校的大学生双创教育过程具有复杂性，涉及高校和行业、企业不同的专业群、产业类型、规模大小、技术含量、管理方式等多种因素，在教学、科研、生产、管理、市场等多方资源相互作用下，各主体教育过程自组织机制同样具有复杂性和关联性，因而职业院校的大学生双创教育机制形式也应具备多样性，分类组织，分类指导，分类实施。第三，高职创新高校大学生双创教育具有自发性特点，它处于经济社会发展的宏观环境之中，是动态开放的系统,各实施主体结构通过与外部环境的交换,获得自组织演化需要的各种资源和能量，然后通过组织内部各个要素的交互作用，获得自组织演化的核心能力，从而使高校的大学生双创教育机制能够自发调节、自我完善，实现从稳定到不稳定，再到稳定的连续有序发展。

（三）协同性原则

与自组织原则相对应的就是协同性原则，产教融合在探索阶段主要依靠的是自组织，随着发展的深入，各个利益群体需要进行协同发展，因此，协同性原则便应运而生。我们要借鉴协同教育理念，探索政府、行业与用人单位和高校之间整体与部分、各要素或子系统间的协同作用，增强职业院校的产教融合多主体协同性。协同开展高校的产教融合的关键是协同五个主体尤其是政府、行业与企业开展高校的产教融合的积极性、主动性。政府要完善法规政策，强化制度的约束力和系统的政策激励；高校要不断提升服务社会的能力，增强协同行业和企业全方位支持和参与其高校的产教融合的吸引力，提供更多的合作桥梁和纽带；行业和企业要以人才培养为己任，突破仅限于学校主体资源要素利用的协同瓶颈,积极参与扶持校企协同开展高校的产教融合，为学校开展高校的产教融合提供更多资源平台和合作空间；全社会都要强化对高校的产教融合意义的宣传，提高全社会包括大学生对高校的产教融合的认知度和参与度。要协同目的、协同内容、协同资源、协同时间、协同各主体的责任和成果分担，从而构建政府有效宏观管理、行业与企业主动对接、社会广泛参与、学校主导、学生执行的职业院校的产教融合机制。

产教融合的水平是组织机构、体制机制等事物发展的根本前提和动力。在评价事物产教融合的水平时涉及符合性、适用性及经济性三个层面。高职教育人才培养与市场用工需求间存在较大差异的原因包括：一方面，广东省作为产业经济发展迅速、产业转型升级较快的地区，其技术技能更新迅速，行业企业对人才的要求是：不但要具备较高的技术技能，而且要具备不断学习和提升自身技术技能的能力。高等职业教育作为以育人为本的教育活动，培养周期较长，难以跟上行业企业的更新速度。另一方面，受社会文化及历史传统因素影响，高等职业院校的认可度不高，学生生源产教融合的水平不高。在一定程度上，由此形成的学习风气与动力不强，学生缺乏内在学习动力、外在学习的风气与动力，高等职业院校人才培养产教融合的水平难以提高。但是，高等职业院校也只有提高教育教学产教融合的水平，提高毕业生社会影响力，才能提高自身社会地位，吸引行业企业参与，提高高职教育产教融合的合作深度。

（四）共享性原则

如今共享经济已经成为社会经济发展的重要组成部分，共享性原则也成为产教融合的重要原则。产教融合、产学合作开展高校的大学生双创教育，共同培育创新创业人才，国家、学校，行业与企业、学生都是受益者。要注意发挥市场对资源配置的作用，建立政府激励机制、互惠互利的动力机制、共生发展的利益分享机制，使各主体做到责任共担、利益共享，助推职业院校的大学生产教融合有序发展。产教融合是现代职业教育的重要特点，也是建设现代职业教育的非常重要的制度，从“产学融合”到“产教融合”，描述了我国产教融合向深度和广度发展的趋势，为创新职业院校的大学生双创教育机制提供宽广路径。

第二节　产教融合的相关理论

一、杜威的从做中学理论

美国著名教育学者、专家杜威在教学的过程中会把教学的过程看作是一个“做的过程”。他认为：人们“做”的兴趣和冲动都是以人为主体的。人们对知识经验的来源基本上基于主体与客体经验的总结。正是基于此，他强调学校在教育的过程中应该设置成类似于雏形社会的地方，即开设好各类工厂、实验室、农场、厨房等，让学生们能够在学校这个“小型社会”环境之中学习好自己所感兴趣的专业和课程。为此，他还提出了在教学的过程中要安排和编创好实践生产场景的教学方式，即在场景教学之中，激发好学生们的创造性思维，根据资料策略从场景活动中入手，解决好学生们在场景活动中所遇见的问题。这就是杜威所提出来的“从做中学”的教学理论。从杜威对整个教学的主张来看：他主张学生们需要在学校里获得生活和工作中的全部知识，他的这种教学理论对当时社会教育来说具有很好的创新性，缺点是在其开展的过程中有一定的局限性。但在对地方工科院校产教融合培养实践型人力资源的研究中，产教的深度融合需要真正把产业与教学对接，强调了“做”与“学”相结合的重要性，工科型地方类院校在实践型人力资源的培养上要把理论与实际对接，加强实践、加强学生动手能力，杜威的“从做中学”理论贯彻了从做中学、从经验中学，要求以活动性、经验性的主动作业来取代传统书本式教材的统治地位。他的“做中学”理论贯彻到我国的教育方面，将对我国教育中的管理理念、师生关系、教学方法、教学的评估方式等都具有非常深远的指导意义。

现代美国教育家杜威以“教育即生活”“教育即生长”“教育即经验的改造”为依据，对知与行的关系进行了论述，并提出了举世闻名的“从做中学”的理论。其理论实质就是要加强对学生实际操作能力的培养，培养学生探究和解决问题的能力，培养学生从事和适应实际工作的能力，这也是我国高等职业教育所需要的一种理论，一种既定的培养目标。杜威从他的哲学观一实用主义哲学观出发，主张“实用”，并把它引入教育，形成了实用主义教育哲学。他主张学生亲历探究过程，建立与真实世界的联系，实现学生从一个被动的观察者到一个积极的实践者的转化，学生通过自己的活动，逐步形成对世界的认识，充分体现学与做的结合。

杜威认为，人类获得解决问题探究能力才是最重要的，而这种能力的培养应该通过科学方法的训练来获得。同时，他认为，教学活动的要素与科学思维的要素应当相同，并由此提出了相应的“思维五步”或“问题五步”教学，具体包括：其一，学生要有一个真实的经验情境，要有一个对活动本身感兴趣的连续的活动，即要有一个能实现“做”的情境；其二，在这个情境内部产生一个真实的问题，并作为思维的刺激物，即要有一个可“做”的内容；其三，学生要占有知识资料，从事必要的观察以对付这个问题，即要有一个实现“做”的必要支撑；其四，学生必须负责一步一步地展开他所想出的解决问题的方法，即要有一个完整的“做”的过程；其五，他要有机会通过运用来检验他的想法，使这些想法意义明确，并且让他自己去发现它们是否有效，即有一个针对“做”的结果的检验。这里的“五步”教学表面上看完全是一个学生“做”的过程，但在“做”的过程中却是对“学”的积累。高等职业教育旨在培养生产、服务与管理第一线的高素质技能型专门人才，就是在基层岗位和工作现场做实事、干实务、实践性很强的实用型人才，也就是专门面向“一线”的高等技术应用性专门人才。而这种“一线人才”，不是单单依靠学历教育在学校里就能培养出来的，他们必须也只有在生产和工作的实践中获得能力、提高能力。正是基于此，高等职业教育应更注重有效培养学生的职业能力，在教学过程中强调与实践相结合，实现学生的“做”，从而完成学生的“学”，以提高学生适应职业岗位能力的要求，缩短从学校教育到实际工作岗位的距离。

结合杜威的“思维五步”,不难看出,“从做中学”理论在高等职业教育教学中的应用,具体体现在师生关系的准确定位以及教学方法的合理运用上。实施“从做中学”初期,常常会出现一个角色误区,认为教师是“做”的准备者,即为学生准备好所有资料和设备,而在学生真正“做”的时候,教师也不过是个旁观者。如果以这样的态度处理“从做中学”,其结果便是学生盲目地“做”,却谈不上“学”。强调“从做中学”,并不是对教师的忽视,无论把课堂搬到实验室还是工厂,无论教学中采取什么方法,都不能缺少的一个人就是教师。只不过此时的教师不再是“一言堂”的主人,而是一个“方向标”。他的具体作用有三个,具体如下:第一,为学生营造一个真实的经验情境,并提出一个能引发学生兴趣的问题。第二,是在学生实际“做”的过程中出现错误、疑惑、困难、有所发现、有争论时进行有目的、富于智慧的引导,当学生有操作经验之后进行提炼、总结,等等。否则学生的操作可能是无效或低效的。第三,给学生创造一个可以检验其“做”的结果的机会。“从做中学”理论的中心是学习者本身,是学习者通过“做”,形成“思”,最终实现“学”,是学生通过自己的努力获取知识与培养能力的过程。在这个过程中,既少不了教师这根指挥棒的引导,更少不了学生自身的操作与思考,学生只有通过实际的动手与动脑,对问题进行分析处理,才能在“做”中体会知识的运用。

随着我国高等职业教育的发展,教学方法越来越注重其实践性,强调与社会相结合,与用人单位的需求相结合,突出学生实际动手能力的培养,但无论采取什么样的教学方法,在其具体运用的时候依旧落点到“教与学”上。

传统观念认为,所谓“教”,就是教师站在讲台前,通过语言、行为,再配合教具、多媒体课件等手段展示教学内容,而“学”就是学生坐在教室里去听,去看,去写。在这个观念的理解中,非得处于关系上位的教师做出教授、告知的行为才是“教”,否则教师就会被认为是偷懒,不负责任。这是过于关注“教”的行为表现。至于教师“教”的行为对学生的“学”是否有实际的效果就不在研究范围了。而“从做中学”却是对“教”的另一种更为人性化的诠释,“做中学”绝不意味着让学生“做”就行,而是必须在教师指导下富有意义地“做”与“思”。这其实是把“教”的过程融入实际的情境中,教师在学生“做”的情境中教。要达成“做”以成“思”,“思”建立在平等与对等的关系上,平等的价值高于对等,没有平等就无法谈及对等,平等是对等的前提。

二、陶行知的教学做合一理论

我国著名现代教育家、思想家、学者陶行知先生具有美国留学的经历,在留学过程中师从杜威等美国最具影响力的教育学家。他在回国之后,便积极地将其在美国所学习到的先进的教育思想与中国当时的国情结合起来进行了教育工作。终于在 20 世纪 20 年代，陶行知先生开创了自己的生活教育理论。陶行知先生提出了三大教育理论，即“生活即是教育”“社会即是学校”“教学做合一”的教育理论。而“生活即是教育”则是重中之重。在陶行知先生看来，教育如果脱离了生活，那么教育就是死的，没有生活作为中心的学校教育是一种死的教育。他的生活教育理论在当时中国社会中的反传统与反对旧教育中具有非常重要的意义和作用。他的“教学做合一”理论深刻地批判了旧社会教育中所存在的不足之处，同时给出了相应的具体的解决问题的办法和方式。这种教学理念的改革和践行对于当时的社会来说具有非常好的作用。同时，他还强调，教学应该同实际的生活方式结合起来，这就需要教师们运用好新的教学方式，根据学的方法来进行教学。教与学都应该以作为中心，做才能够让学生们获得全面的知识能力。陶行知先生的理论基础，在以市场需求为导向的产教融合培养学生的模式下同样适用。“生活即教育”用五个字明晰地体现出了知识结构与市场以及社会发展同步的理念。对当今部分地方工科院校的应届毕业生出现综合素质能力低下、职业意识缺乏、动手能力比较差的现象，解决办法是：在借鉴陶行知先生理论基础之上，使学校所传授的知识能够适应社会经济发展的需求。

“生活即教育”“社会即学校”和“教学做合一”是陶行知生活教育理论的三个基本命题，研究者对这三个命题的历史流变一直缺乏较为系统的研究。作为生活教育理论的方法论，“教学做合一”在生活教育理论体系中居于重要位置。本书试图在教学方法层面，对“教学做合一”进行述评，以期望更好地还原和借鉴这一理论。“教学做合一”作为陶行知生活教育理论的重要命题和方法论，大致经历了以下几个阶段。

（一）萌芽期

20 世纪初，我国开始系统地引进日本的教育学说，“教育学、教授法、教育史、学校管理学引进数最多”。以此为基础，清末民初学校进行教学方法改革时，普遍采用从日本移植来的赫尔巴特五段教授法。这种教授法简单易行，颇受广大教师青睐。但它太过于机械和形式，不自觉地将教学分离，忽视了学生兴趣和个体差异。陶行知自美国回国后在南京高师担任教育科主任，他敏锐地看到国内学校里“先生只管教，学生只管受教”的情形，提出要将“教授法”改为“教学法”，但未能通过。

随着欧美教育思潮逐渐进入中国，以儿童活动为本位的各种新教学方法，如设计教学法、道尔顿制等相继传入，并于 20 世纪 20 年代初期在我国学校正式试行。这些新教学方法更关注学生的兴趣和活动，一经试行就引起较大轰动。但深入试行后，人们逐渐认识到，这些新的教学方法不仅没有充分考虑中国的现实状况，其缺陷也日渐暴露，如设计教学法虽和实际生活接近，但计划是教师设计出来，有时与学生生活无关，且偏离了系统知识传授；道尔顿制下的学生虽然较为自由，却过于看重书本，与学生实际生活依然无关。基于这种情况，陶行知把“做”引入“教学合一”，主张事情怎样做就怎样学，怎样学就怎样教；教的法子要根据学的法子，学的法子要根据做的法子。此时，“教学做合一”的理论已经成立，但是名字尚未出现。直到20世纪20年代中期陶行知去南开大学演讲后，张伯苓先生建议改为学做合一后，才豁然开朗，直称“教学做合一”。名称的提出，标志着“教学做合一”的萌芽。

（二）形成期

20世纪20年代中期，陶行知在《中国师范教育建设论》《试验乡村师范学校答问》中对“教学做合一”理论做了系统阐释。陶行知特别注重“做”，强调事情怎样做就怎样学，怎样学就怎样教。

（三）发展期

20世纪30年代末，育才学校在重庆诞生。经过长期的实践，育才学校时期的“教学做合一”又增添了新的内涵，并与杜威的“从做中学”彻底脱离。这具体表现为：注重集体生活，指出学生要在集体中自治、探索和创造，追求真理以及产生新价值；要求学生兼具基本技能和基础知识。育才学校的课程安排有普通课和特修课。普通课的目的在于学生需要掌握语文、外语、数学和科学方法这四把掌握现代科学、开发现代文明的“钥匙”，特修课分为文学、音乐、戏剧、绘画、自然以及社会六组，目的在于给予特殊才能的儿童以特殊营养。通过普通和特修“二者起统一的作用以奠定儿童深造之基础”；育才学校十分重视教师的作用，聘请了各行业的专家担任各个专业组主任，加强对学生的指导；育才学校不再完全否定班级授课制，认为“语文、数学、外语三样，在初期按程度分班级上课最为经济”，并为师生订立《公约》以维持学校教学秩序；育才学校还要求课堂教育与社会活动有机结合起来。学校学生“按年龄大小与工作经验之配合，混合组成若干社会服务队，专司附近村落社会服务”。学生通过对外的社会服务活动实现了在“做”上学，在“做”上教。

（四）运用期

20世纪80年代中期，随着《中共中央关于教育体制改革的决定》的颁布，关于陶行知研究进入一个新的阶段，“教学做合一”受到研究者的基本肯定，并被广泛运用于课堂教学、培养师资等各种教育教学的实践领域。

自20世纪80年代中期以来，“教学做合一”的研究取向主要呈现以下几个特点：

1. 偏重“教学做合一”的实践运用，对其理论探讨略显薄弱研究者大都认同了“教学做合一”的优点和重大价值，而将其广泛运用于师范生培养、幼儿道德能力培养、课堂教学改革、学科教学、高职高专教育教学改革等方面。

2. 一线教育工作者成为关注、探讨和运用“教学做合一”的主体

随着“教学做合一”的教学实践运用价值被大多数理论工作者认可，不少一线教育工作者开始结合自己的教学工作积极参与“教学做合一”的实践研究。

3.“教学做合一”新特点

研究者对“教学做合一”的理论探讨呈现出新的特点，或是对“教学做合一”的理论内涵进行合理阐释，或是在实践运用中形成和丰富自己对“教学做合一”的进一步理解。

“教学做合一”作为一种教学方法，陶行知把它深深根植于具体的环境中，并辅以相适应的课程和相匹配的教材，试图实现方法和内容的有机统一。如在育才学校时期，结合培养特殊才能的人才目标，“教学做合一”方法辅以六种小组，并开设了不同的课程，通过内容和方法的有机结合发挥了“教学做合一”的无限活力。教学方法的改革必须与环境、课程、教材等相配合，否则就割裂了方法和内容的有机统一。我们应充分强调目前学校教学方法改革要与环境、课程、教材等相配合的价值取向。教学方法改革必须密切结合具体环境，配套相应课程、教材等，否则只能是无源之水，在实践中不会发挥长远作用。

三、福斯特的产学合作理论

英国著名学者、教育家福斯特在现代产学合作中具有非常重要的代表价值，他的产学合作理念对教育界的发展来说具有很高的战略性。福斯特认为，当前许多职业教育计划难以实现都是因为受训者缺乏必要的基础理论知识与基础技能知识。正是基于此，福斯特认为，产学合作的过程中应该首先从课程职业化设计出发，以理论基础为切入点，最终搭建就业化平台。同时，职业院校中中、低级人才的培养应该注重走“产学融合”的道路。正是基于此，学校在开展各种职业培训计划的过程中应该从以下几个方面进行培养和改造：第一，要控制好地方工科院校发展的规模，拓展学生能力的基础上要结合社会经济发展的现实状况。第二，要改革好地方工科院校的课程内容，多设置一些工读交替的“三明治”课程。第三，要控制好地方工科院校中生源的比例，有可能的话让在职人员成为地方工科院校生源的主要来源渠道之一。福斯特产学合作的理论对包括中国在内的发展中国家的教育来说具有很好的借鉴作用。

福斯特是当今国际职业教育理论界深具影响力的著名学者，多年来致力于职业教育理论的研究。他早年毕业于伦敦大学经济学院，曾经担任过美国芝加哥大学教育学

和社会学教授、比较教育中心主任；澳大利亚麦夸里大学教育学教授兼院长；美国纽约州立大学教育学和社会学教授。福斯特以他的《发展规划中的职业学校谬误》一文而闻名于世。此文发表于20世纪60年代中期，其许多关于职教发展的重要思想即包含在此文中。福斯特职教思想的许多观点被世界银行借鉴，成为当今指导各国职教发展政策性文件的重要组成部分。20世纪60年代，正是西方“发展经济学”盛行时期。这一理论提出：发展中国家的经济增长“可以让政府去发挥主要作用”；可采用“集中的、非面向市场的计划模式”。受其影响，当时教育理论界有人提出了“人力资源说”，即主张学校可以根据政府的经济发展计划和“长期性的人力预测”来提供一定数量训练有素的人力储备为经济发展服务。在教育发展战略上，这一学派主张发展中国家通过重点投资学校形态的职业教育和在普通学校课程中渗入职教内容来促进经济发展。人力资源说在当时得到了包括联合国教科文组织和世界银行在内的一些国际组织的支持，成为当时发展中国家教育与经济发展的指导理论。这一学派的观点以当时英国经济学家巴洛夫为代表。针对巴洛夫的主流派理论，作为长期致力于发展中国家教育理论研究专家的福斯特，以他多年来的研究成果为依据，写下了《发展规划中的职业学校谬误》这一名作，从教育发展的一些根本问题上系统地阐述了他的职教思想，提出了许多与巴洛夫为首的主流派不同的观点，从而在职教理论界引发了一场长达1/4世纪的大论战。最后，福斯特由少数派成为当今职业教育界最有影响的主流学派。福斯特的职业教育思想福斯特职教思想反映在《发展规划中的职业学校谬误》这篇名作以及他以后发表的文章中，我们可对其主要思想和观点进行以下概括：

（一）职业教育必须以劳动力就业市场的需求为出发点

福斯特认为，受训者在劳动力市场中的就业机会和就业后的发展前景，是职业教育发展的最关键因素。正是基于此，职业技术教育的发展必须以劳动力就业市场的实际需求为出发点。

（二）“技术浪费”应成为职教计划评估中的一项重要内容

福斯特注意到，许多发展中国家的职教毕业生的就业岗位与其所受的专业训练不一致，从而他提出了职教中的“技术浪费”问题。他认为“技术浪费”通常是以下三个方面的原因造成的：一是国家为促进经济发展提前培训某类人才，但现有经济并不能利用和消化这些人才；二是市场需要这些人才，但被安排到与训练不相关的职位，所用非所学；三是市场需要这类人才，但职业前景和职业报酬不理想导致职业教育毕业生选择了与培训无关的职业。对这种“技术浪费”资源缺乏的发展中国家应足够重视，把它纳入职业教育计划评估，并作为其中的一项重要内容。他还认为尽管“技术浪费”

现象在发达国家也存在，但在发展中国家更严重，而由于发展中国家的资源更加有限，所以，这种“浪费”更应该加以足够的重视。

（三）职业化的学校课程既不能决定学生的职业志愿也不能解决其失业问题

以巴洛夫为首的主流派认为，通过学校课程的职业化可引导学生的职业志愿，从而避免学生不切实际的就业愿望，减少失业。福斯特认为，学生的职业志愿更多地由个人对经济交换部门的就业机会的看法决定，学校课程本身对这一选择过程并无多大的影响；失业的原因并不简单是学校课程上的缺陷，很大程度上是劳动力市场对受训者缺乏实际需求。

（四）基于简单预测的“人力规划”不能成为职业教育发展的依据

20 世纪 60 年代是“人力规划”最时兴的时期，大规模人力预测成果作为各级各类教育与人才培养的依据，对职业教育的影响尤为突出。福斯特对此持批评态度。首先，他对人力预测的准确性表示怀疑，他认为“经济交换部门的增长率是很难准确估计的”。其次，他对人力规划的后果表示担忧，因为，一旦经济增长率不足以吸收和消化人力规划所培养的人才，不仅会造成人力和物力浪费，还会加重社会上的失业状况。应当指出的是，在计划经济下大规模计划是行不通的，但与实际发展密切相关的小规模的培训计划还是应提倡的，福斯特反对的是那种脱离市场的“大规模的”人力规划，他支持那种“与实际发展密切相关的”“小规模的”职业教育计划。这也是他所强调的“职业教育发展必须以劳动力就业市场的实际需求为出发点”。

第三节　产教融合的功能与作用

产教融合就是将生产与教育有机结合起来，实现理论知识的传授与实践知识的传授的有机协调与融合，提高实践能力。通过产教融合、校企合作，能够为学生在理论学习之余，提供更多的实践机会，培养学生的岗位能力和实践水平。产教融合将企业、学校、政府、社会组织等结合起来，进行资源整合与优化配置，实现取长补短、优势互补，提高教师素质。产教融合对高校教师提出了新的要求和挑战，高校教师只有不断自我提升才能适应产教融合的教学要求。正是基于此，产教融合对提高教师产教融合的水平大有裨益，助推教学改革。产教融合是高职教育的新形式和新思路，是对高职教育的一种创新。在对产教融合教学模式进行探索与发展的过程中，高校的课程设置、教学内容、评价方式等都面临着调整和变革，进而助推高职教育改革的深入。产教融合的根本任务是通过创新教育形式、整合教育教学的资源、提高教育产教融合的水平，达到提高学生岗位技能和实践能力、满足社会的需要的目的。同时，产教融合有利于企业的技术革新和生产水平和效率提升，促进企业的高速和高质量发展。由此可见，产教融合是实现学校和企业共同发展、全面提升的重要手段和有效途径，是高校教育价值、社会价值和经济价值的集中体现。产教融合促使高校按照企业的需求培养人才，并将理论学习与实践知识的传授和科学研究结合起来、为企业发展提供强有力的人才支持和智力支持，提升我国企业的综合实力，促进社会主义市场经济的高速和高质量发展。

一、有利于专业定位和建设

企业和高校紧密合作，当社会经济发展的路径发生变化时，企业能够第一时间感知到，企业将所需要的人才培养标准及时传达给高校，高校及时做出响应，使专业定位始终跟上时代的步伐。从教育方面看，近一段时期以来，我国职业教育的一大特色是以职业学校为主体培养初入职的技术技能人才，经济领域行业企业相对脱离于人才的正规职业准备教育，出现了职业院校对产教融合、校企合作共同育人和研发的需求格外强烈，然而困难也格外多的情景。企业拥有丰富的技术能手，对于行业需要的人才定位比较清楚，能够给专业定位和学科发展把脉。产教融合、校企合作培养技术技能人才是国际职业教育成功国家的共同规律。呼唤和渴求产教融合、校企合作培育技术技能人才在我国有着深刻的教育和经济背景。从经济领域看，我国正在进入工业化中期，努力实现产业升级转型、建立创新驱动的现代产业体系，对复合型和创新型技术技能人才的需求在倒逼行业企业做出变革。发展所面临的体制机制困境，保障技术应用和技能人才发展的实践问题，具有重大的研究意义与价值。从教育方面看，近一段时期以来，我国职业教育的一大特色是以职业学校为主体培养初入职的技术技能人才，经济领域行业企业相对脱离于人才的正规职业准备教育，出现了职业院校对产教融合、校企合作共同育人和研发的需求格外强烈，然而困难也格外多的情景。从经济领域看，我国正在进入工业化中期，努力实现产业升级转型、建立创新驱动的现代产业体系，对复合型和创新型技术技能人才的需求在倒逼行业企业做出变革。

产教融合、校企合作培养技术技能人才是国际职业教育成功国家的共同规律。呼唤和渴求产教融合、校企合作培育技术技能人才在我国有着深刻的教育和经济背景。自改革开放以来，全面深化改革的总目标是完善和发展中国特色社会主义制度，推进国家治理体系和治理能力现代化。当前职业教育的体制机制不畅、承担和参与主体缺位、相关制度不匹配、政策措施不协调、发展动力不足等问题成为制约职业教育发展的瓶颈。推进国家治理体系和治理能力现代化，为解决上述职业教育的瓶颈问题提出了全新视角、顶层思路。职业教育作为与社会经济发展密切相关的一种教育类型，同时肩负着面向人人和培养高技能人才的重任，关乎国家的经济发展与社会和谐。职业教育治理体系与治理能力的现代化，是国家治理体系与治理能力现代化不可或缺的一部分，对全面深化改革，推进国家治理体系和治理能力的现代化具有重大意义。改革开放以来，在政府及各部门的积极努力下，职业教育的发展取得了巨大成就。但是，目前与我国经济社会的需求和人民群众的期盼相比，职业教育发展依然面临很多困境，许多问题表面看似乎在职业教育自身，而其实质是职业教育的外部制度、体制机制使然。实行校企合作、工学结合的职业教育人才培养模式，是技能型人才培养的有效途径，体现了职业教育的本质特点。职业教育所肩负的培养技能型人才的任务需要职业院校与行业企业共同承担，日益成为职业院校、广大企业和社会各界的共识。

从“单维”管理理念转向“多元”治理理念，在治理理论的指导下，借鉴国际比较经验，研究职业教育的多元治理主体的权责、实行管办评分离、多样化治理工具、完善的治理制度体系、治理指标体系、治理的制度包与工具包等，具有巨大的经济和社会意义。首先，完善职业教育治理体系、实现职业教育治理能力现代化，将有助于我国数以亿计的技术技能人才的培养和可持续发展，有助于职业教育突破上述瓶颈和困境，增强职业教育服务产业结构调整、经济发展方式转变的针对性和实效性。其次，对职业教育治理体系和治理能力现代化的研究，有助于促进我国社会民主与全面提升，增强人民群众学有所教、学有所用的终身学习途径和机会，依靠职业教育提升国民素质和发展能力，提升体面就业、幸福生活的民主和谐境况。

二、有利于课程建设

课程体系是学科发展的载体，企业岗位的各项技能都需要通过课程体系来实现，通过相应课程来培养对应岗位技能。

职业院校的校企合作中既有老生常谈的旧问题，也有发展过程中的新问题，需要政府统筹考虑解决的办法，整体推进合作的发展深化。企业对岗位职责有比较全面的了解，能够对各工种工作任务职责做出详细规划，然后将岗位职责标准转化成课程标准，企业项目实例转化为课程教学的案例。我国职业教育校企合作存在政府、行业、企业、院校、学生五大层面的问题，这些问题是系统培养高端技能型人才以适应经济发展方式转变和产业结构升级的重大障碍，是当前中国职业教育宏观政策亟待破解的焦点问题。

职业教育校企合作中存在的问题主要是企业主体缺位、行业企业参与不够，反映出经济领域缺少支持产教融合的配套制度。产教融合不仅应该是教育制度，而且应该是经济制度、产业制度的组成部分。

（一）政府作用的边界与市场治理结构的作用发挥

当前，在经济领域中的法律基本上没有涉及产教融合、校企合作的制度内容，在教育领域有关法律主要是20世纪90年代实施的《职业教育法》，但迄今还没有与其配套的下位法，只有地方制定的地方性法规以及国务院相关部门制定的部门规章，力度不够。近年来，国家从认识上重视职业教育校企合作的制度和机制建设，各地不断探索实践，校企合作取得了显著成就。但国家和地方职业教育校企合作法治建设仍然十分薄弱。国家层面上存在的相关问题表现如下：

第一，政府自身对如何发挥主导作用认识不足，对实现主导作用的形式和路径缺少探索和经验积累，相关校企合作的法律和政策制度不健全，协调引导作用有待加强。

第二，校企合作的管理制度和模式尚不完善，政府及其部门参与的职责分工有待明确。

第三，政府主导不足，导致校企合作多方参与、沟通对话、经费投入引导和保障机制、监督评价体系等还不完善，资源整合力度不够，对参与职业教育优惠政策宣传力度不够。

第四，政府支持的社会化评价体系不健全，参与合作的企业资质缺乏明确规定和认定，企业参与合作的效果缺乏整体评价。

第五，职业准入、职业资格证书与人才培养的关联性不够，校企合作的教育规范和标准不够成熟。

（二）行业指导能力的缺失与弥补

我国法律没有明确规定行业协会在职业教育发展中的地位和作用，使得行业组织的协调指导作用没有得到充分发挥，在制定行业岗位标准、课程标准中的主导作用发挥不够充分，行业组织对职业教育的校企合作的监督机制尚未建立，行业协会与职业教育的交流对话制度有待进一步完善。

我国职业教育的发展对行业寄予了极大的期盼，教育部门成立了多个职业教育行业教学指导管理协会，教育部门出台了发挥行业作用的政策文件，但是实际上行业组织指导职业教育的作用还远远没有发挥出来。在我国经济领域，行业组织自身的能力和作用尚未有良好的发展，行业指导职业教育的权限不明确，支持和鼓励行业组织参与职业教育与培训的政策尚不健全。此外从整体上看，我国行业自身独立发展的水平有限，指导职业教育发展的能力不足，自身能力尚需逐步培养，不具备德国等发达国家的行会制定标准、主持考试、颁发资格证书的权利和能力。

（三）企业作为育人主体的作用和责任缺失

第一，企业应该成为职业教育和培养未来员工的主体，但我国职业教育处于市场治理结构发展的初期阶段，企业界表达意愿的机会和条件尚不成熟，参与职教内驱力不够。

第二，企业缺乏战略发展理念，参与校企合作动力不足，社会责任意识不够，合作关系大多靠感情维系。

第三，现有的合作组织管理不健全，在具体学科发展、课程开发以及对就业前实践的管理等环节中，企业大多处于被动状态，教育培训的标准和规范缺失，合作流于表面形式。

第四，体力依赖为主而非技能依赖为主的企业大量存在，企业转型升级尚未完成，缺乏参与技能型人才培养的基本动力。

（四）职业院校校企合作育人和研发的制度尚未到位

第一，缺乏现代学校制度理念，校企合作的治理机制、合作发展机制不健全，整合资源能力不够。

第二，品牌创建意识不够，专业水平和技术技能积累不足，难以引领行业发展。

第三，技术服务能力较弱，难以吸引企业参与。

第四，人才培养模式创新不足，未能确立被校企双方共同尊重的教育规范和标准，难以适应产业需求。

第五，学生实习监管不到位，难以保证实习产教融合的水平。

（五）学生实习活动性质错位与纠正

就业前实践应该是教育环节，其活动的性质是教学活动。这一点毋庸置疑。实际的工作不能直接代替就业前实践，也不能等同于就业前实践。在我国职业教育的实际中，一是学生的岗位实操和实训内容、要求与企业的人才定位，与工作岗位要求不太相符；二是学生在企业实习的内容、场地安全、工作时间等未有明确的规定；三是学生责任心、吃苦耐劳能力等品质的培养尚未有清晰的标准。

三、有利于提升教师的社会服务能力

校企双方经常互派人员轮岗实训，企业派专业技术人员到校为师生讲学，有利于提高师生的实践操作水平。高校派教师下企业锻炼，在企业生产一线，教师实践能力能够得到比较大的提高。研究、探讨校企合作促进政策的制定和实施是一项重要的攻坚任务，需要深挖现存的问题，运用理论分析其原因，并将其放在国家宏观层面来思考解决的思路和办法。我国职业教育的主体是职业学校，主要由教育部门统筹管理，但教育部或者任何单一部门都无法有效地解决职业教育校企合作的跨部门、跨领域问题。职业教育实行校企合作和工学结合的人才培养模式，不仅是培养应用型、技能型人才的基本做法，而且符合我国关于教育同生产劳动相结合、培养全面发展的人的基本教育方针，为加快制定国家职业教育校企合作促进法规提供了宏观性的思想框架。鼓励地方先行先试，吸收地方创新经验。许多地方对校企合作的认识水平程度不断提升，认识到人才培养合作项目的收益与产品研发等合作项目的收益相比，回报较低而投入较大。高校教师所接触的理论知识较多，但实践方面的技能比较缺乏，大部分高校教师都没有太多的项目经验，通过产教深度融合可以提升师资水平。教师在企业积累经验，掌握了好的技能后，再结合自身丰富的理论知识，就可以提出有创新性的想法帮助企业解决实际问题。

正是基于此，需要国家统筹职业教育校企合作政策，进行顶层设计。国家从教育、经济和劳动三方面建立法律性框架。目前，《中华人民共和国教育法》《中华人民共和国劳动法》和《中华人民共和国职业教育法》中关于教育与生产劳动相结合、教育为经济建设服务、经济建设依靠教育以及职业教育校企合作的规定，对于促进校企合作的发展发挥了一定的作用，其条款大多是宏观性规定，相距建立良好的职业教育产教融合制度的需要还有很大差距。国家应从教育、经济、劳动三个领域修改现有法律和新增相关的法律，为加快建立国家职业教育产教融合校企合制度提供宏观性的法律框架。企业所能为职业学校提供的资源中，提供实训设备、为学校提供资金等被排在末位，因而，参与职业教育的企业需要政府优惠、补偿政策的引导。

四、有利于学生就业

企业参与人才培养的全过程，按照自身的人才定位进行人才培养，这样学生便能够第一时间掌握行业最新技术，毕业后即可以在相关企业就业，这样便有利于提升就业率和就业产教融合的水平。

职业教育校企合作分类是指根据职业教育校企合作的共同点和差异点，采用一定的标准和方法，依据一定的原则，对其进行系统的划分和归类。本研究依据参与主体、企业所依赖的人力资本类型、企业采用的生产方式，以及校企合作中涉及的专业类别等对校企合作进行了分类，并研究了各类校企合作的特点，以期发现不同类型校企合作的政策诉求。在多样的校企合作类型中，并非所有类型的企业都能积极参与校企合作。例如，知识依赖型企业、手工生产方式下的企业等，他们的合作意愿低，参与合作的面比较窄，形式比较单一，对这些校企合作，政府及各部门应加强引导，不过分鼓励、不强制实施。手工业生产方式下的校企合作，合作的周期长，培养学徒的技能全面，产教融合的水平基本有保障。在政策上，应引导这类企业参与校企合作。体力依赖型企业的一线工作具有简单重复、劳动的知识技术含量低、用人不分专业、计件工资制等特点，是职业院校技术技能人才培养的天敌，尽管体力依赖型企业十分需要实习生的顶岗劳动，对职业院校的学生很有热情，但是这类企业却不适合培养人才，政策上也不应该鼓励与这类企业进行校企合作。

第四节　社会主义市场经济对产教融合的影响

随着我国经济的发展与经济发展的路径的调整，人力资源需求逐渐呈现出为多层次与多方位的特点，其必然与社会主义市场经济紧密联系起来。作为社会主义市场经济的重要主体，高等院校与职业院校相比具有自身的独特性，这些独特性要求其必须积极参与到社会主义市场经济的运营之中。在高职的发展实践中证明其办学宗旨与让学生满足市场需求是紧密联系的，其独特性也主要体现在其是经济社会发展中特定阶段而产生的新型高等教育。所以在高职的发展过程中也应该在人才培养过程中紧密结合市场要求，实现自身的优化发展。在我国深化教育领域综合改革的过程中，推进产教融合是职业教育的重要发展趋向，也是高职教育发展的命脉之门。所以本研究立足于社会主义市场经济背景，对产教融合进行进一步探索，使高职教育中产教融合能够切实发挥应有的作用。

一、社会主义市场经济发展诉求下的校产教融合

在我国社会主义市场经济体制不断发展和完善的同时，其也对高校提出了新的使命，在高校的人才培养不断与市场相结合的趋势下，产教融合也是高校在社会主义市场经济背景下的新趋势与新方向。在人才培养过程中应该摆脱“基础性的研究工作者”和“一般操作工”的误区，具有“动手与动脑的双重能力的技术实践型人力资源”才是人才培养产教融合的水平的关键所在。失去了市场竞争性也就难以成为社会主义市场经济的主体，所以在经济改革不断向纵深发展的背景下，高校应该不断适应新的经济环境，在人才培养等方面彻底摆脱原有计划经济的条框束缚，加快自身的转型，逐

渐融入新的经济环境之中。所以高校作为培养技术型人力资源的重要阵地，应该切实加强教育过程中的实践环节，通过产教融合把理论与实际有效结合，实现学生实践能力的发展。所以高校的发展与社会主义市场经济分不开，其核心竞争力的体现与把握市场主动权密不可分。高等职业教育的育人方向主要面向具有一定理论知识与较强实践能力的人才培养，所以在其办学宗旨与培养目标中面向生产、基层与管理服务一线，技术型、实用型与技能型是其人才培养的目的，也是其教育的高等阶段。所以在教学过程中的实践操作性应该被更加重视，学生的动手能力也应该被突出和发展。在这种竞争的环境之中，由于用人单位自主权扩大以及企业人才需求的方向性转变，会操作、懂理论以及善管理的人才成为市场的重要需求目标。产教融合能够有效实现高校的办学宗旨，能够使其不断遵循市场的需求和运作规律来进行教育教学活动，使高技能人才得以生产，适应企业生产的变化，更好地实现高校的生存发展之道。高等职业教育具有“高等性”与“职业性”两个根本属性，在社会主义市场经济背景下我国高校在办学中并未科学处理好二者之间的关系。在高校的人才培养过程中，高技能并非是现代社会的需求，其也不利于受教育者的发展，从而脱离了高等职业教育的独特性。社会主义市场经济的发展要求高校进行产教融合，实现人才的科学化培养。高校是社会主义市场经济的主体，其办学宗旨具有市场需求性。市场主体的多元化反映了社会主义市场经济的重要特点，其独立性要求形式多样化的主体在资源配置的市场背景下能够在市场的竞争中实现平等参与。这种竞争体现为一种宽领域性与自发性，也是在社会主义市场经济背景下的生存与发展的竞争。

社会主义市场经济的发展要求高校提高人才培养产教融合的水平。在教师的执教能力方面，由于高校教师的来源所限，教师偏重学生学术研究能力而忽视实践动手能力的问题广为存在，在培养人才方面，不能有效实现为企业提供有效服务的目标。

综上，前文中所出现的问题就需要高校着力于产教融合的应用与深化，使学生在教师的带领下参与实用科研与产业实践，能够知其然并知其所以然，在实践中的产品研发等相关实际问题的解决中培养实践脉络与产业思维。只有这样才能更好地服务区域经济与产业的发展，提升学生的知识适应性，实现教育教学资源的合理、有效配置。社会主义市场经济背景下的毕业生就业难问题进一步要求高校推行产教融合。在我国社会主义市场经济不断发展的背景下，劳动力市场的竞争程度不断得到强化，而针对高校毕业生的用人单位更加注重学生的实际操作能力。在我国高职教育体系中，学生培养仍然沿袭传统模式，难以符合市场对人力资源的需求。适应建设、生产、管理与服务第一线的需要是高校毕业生顺利就业的重要影响因素，如果缺乏这样的能力与适应性则必然会出现居高不下的待业率。高校的培养模式是与市场对人才的需要联系在一起的，所以新的培养模式能够切实有效地解决此类问题。产教融合的推行使学生的实践能力得以提升，并能够增强对未来职业的判定与认同，目标的明确与能力的提升使受教育者也能够着眼于市场的变化，在企业需求的前提下不断提升，并寻求发展机遇，从而缓解高职毕业生所面临的就业压力。所以高校应该置身于社会主义市场经济体制之中，在产教融合的育人模式助推下抢得市场人才竞争的优先权。

二、社会主义市场经济背景下高校产教融合的角色定位与实施标准

校企合作是从“人才培养”和“用工需求”这一切入点来开展的，在此过程中需要对产教融合中的各个主体进行科学定位并厘清实施过程中的相关标准来助推其有效开展。产教融合最根本的落脚点和最终的追求是为学生服务。在产教融合的办学过程中，学校和企业应把为学生服务当作宗旨。如何使学生树立正确的求职观念、增强学生的实践能力是产教融合的目的所在。学校仅凭借企业需求的“订单”来培养学生势必存在弊端，而产教融合的根本目的也就偏离了，学校和企业不但要培养学生娴熟的专业技能，同时要帮助学生树立自身的求职观，以期通过校企共同培养人才的模式来取得成效。如此，高校在产教融合中的主体地位就显而易见了，作为产教融合实施的主体，向本地输送所需的实践型人力资源是高校发展的永恒主题。

各地的高校也就成了合作育人、合作办学首要推崇的主体。在我国校企合作办学的模式中，高校是产教融合的积极助推者，学生岗位实操、合作办学、创建实习基地等形式彰显了高校在培养学生和满足社会的需要的过程中所做的贡献。就高校与企业合作的项目而言，不同于中职院校的是高校在产品的开发和实际工作中更具实力，就此我国一批高校的成就得到了教育行政部门和社会公众的普遍认可，为产教融合的发展奠定了坚实的基础。政府和企业在产教融合的过程中无疑起着助推和促进的作用。政府虽然置身于产教融合的具体实施外，但在政策的协调制定上、法律和财政扶持上对高校和企业有着宏观管理的职能。高校的产教融合发展是否顺利很大程度上取决于政府是否支持与助推，所以西方发达国家制定了众多的法案来确保学校的产教融合顺利进行。与此同时，企业在产教融合模式化的办学中也是最大的受益者，这一模式能够大量满足企业自身发展的需要。既然企业有着对科研成果和人才储备的诉求，那么就会与高校进行人才联合上的培养。而产教融合从另一个角度来看也是一份良心工程，由于现代社会诸多不确定因素的影响，如何使企业在产教融合的参与中更具说服力和道德感，从而形成良性的产教制度保障，这就需要来自社会与政府的监督、监管，所以培养企业经营教育的社会责任感是产教融合办学的成功关键。

社会主义市场经济背景下产教融合三维标准。产教融合的实质是使培养出来的人才能够适应经济社会发展的需求。从表面意义上来讲，产教融合是连接学校和企业之

间人才供给的纽带；从更深层的意义上来说，产教融合又肩负着自身的使命，高校要完成人才“供给”与“需求”对等，要把如何培养人才、怎样培养、怎样实现人才与企业的需求相对接作为办学的重点，从而培养出优质的人才，助推经济的发展与社会的进步。实现产教融合主要包含以下三个方面的标准：

（一）招收的学生数量要与企业用人数量相协调

高校在开设专业前，要经过大量的市场调查与论证，通过统计各企业的人才缺口来设定专业及专业规模。这样做的好处在于既满足了市场的需求，又确保了学生、学校、企业的自愿和平等，使我国企业对应用型技术人才需求的紧缺状态得到缓解，同时也减轻了学生的就业压力，释放了由求职而引发的社会矛盾。

（二）高校培养的人才要符合各行业的标准

也就是说高校对学生的培养不能再拘泥于老传统和老规矩，要跳出固有的教育模式寻找适合学生发展的新型培养体系。在传授基本专业理论知识、遵从学生信仰之余，还要找到行业要求与学科发展的融合点，让更多的行业模范人物和企业管理者参与到人才的培养过程中，使学生的行业从业水准得以提升。

（三）高校要模拟企业的经营场景

在企业众多专利的申请中，“学生专利”占有很大一部分比重，由此可见学生在高校中实践能力的重要性。在学校中模拟企业场景可谓是增强学生实践能力的最有效途径。模拟场景的建设摒弃了纸上谈兵的弊端，让学生在学习专业基础知识的过程中快速将其转化为实际应用，不但使思维得以转换，更增强了处理实际问题的能力。

三、社会主义市场经济背景下产教融合发展的现实障碍

从 20 世纪 80 年代我国高职教育迅速发展以来，无论是在中央层面还是在理论与实践界都十分重视高职教育中的人才培养创新。国家教育行政部门也不断强调通过产教融合的方式加强校企合作来推进高职教育适应社会主义市场经济发展。但是在现实中产教融合仍然并未得到深入、有效的贯彻和执行，其中的认识观念性障碍、政府助推力不足以及文化差异与系统性缺失等问题是其发展中制约因素的重要构成。产教融合的认识误区约束了其开展与深化。

社会主义市场经济的发展过程中需要各类人才，技术技能型人才也是人才结构的重要构成，提高经济的竞争力，核心是依靠科技进步和人才素质的提高，而这就需要

产教融合培养高素质、高技能的应用型、技术技能型人才。产教融合对政府来说，是寻找经济增长点的起跑器；对职业院校而言，是培养经济实用人才的有效途径；对企业而言，是获取应用性、技能性、复合型人才的捷径，是人才储备的银行。

产教融合的真正内涵应定位在建立起一个可持续发展的良性循环机制，实现教育教学的资源的优化组合，将高职教育教学的资源的势能转化为助推经济增长的动力，实现办学的整体效益。在目前已形成的校企合作中，大多都是学校为求生存主动向企业界寻求合作对象，多数企业给予学校的资助，亦都停留在较浅的层面。受到传统教育理念与模式的影响，部分高校缺乏对国内和国际高职教育人才培养的先进理念，并未认识到产教融合在培养产业转型升级以及经济社会发展人才方面的重要性、紧迫性与必然性。认识上的误区导致了此类院校在办学定位、顶层设计等方面并未科学合理地展开，缺乏系统和全面的学生培养模式规划。另外，从企业的角度来看，部分企业由于缺乏大职业教育观念，使得其社会责任并未得到有效履行，其对产教融合模式缺乏全面的认识，对其配合度较低。所以，在认识产教融合的过程中应该认识到其双赢的因素，而并非学校充当“索取者”、企业充当“支撑者”，其并非是以一方利益受损为代价的。国家意愿对产教融合的助推价值不足，缺乏配套的政策、法规环境。如此一来，产教融合更多地流于形式，其长久发展难以得到保障。在我国的高职教育发展过程中，教育部等相关教育行政部门出台了诸多相关文件来进一步鼓励和支持高校进行产教融合，实现校企合作。但是在这些相关文件中更多反映的是一种倡导性发展方向，规定都较为宏观和模糊，而对于此方面的优惠政策、法律条文以及执行性文件等较为缺乏。

在高职教育的产教融合、校企合作的发展过程中，虽然此领域成立了校企合作协会等组织结构，并且实验和试点逐渐展开，但是其发展中缺乏一种完整的、权威的产教融合准则和指导手册，这也就使其发展实践难以得到有效的指导。所以在此环境中仅仅凭借企业、行业和高职学校的单方面力量就很难在社会主义市场经济发展和产业升级等背景下实现产教融合，其开展的有效性也难以得到保障。政策、法律环境的缺失也使得产教融合的发展制度难以建立，同时国家和地方的相关组织机构人员来对产教融合进行相关部署、规划、推行和评价的力度也不够。这就导致了在助推产教融合的过程中政府的宏观管理与指导作用不明显，对产教融合的规范与助推力度不足。尤其是在校企合作与产教融合中缺乏相关的协调机构，使其缺乏产业部门以及政府部门的支持，使得双方的利益无法在政策层面得到有效保障。文化差异产生的冲突与运行中的系统性缺失等问题导致其发展的动力不足。

在高职教育的发展过程中，由于受到传统教育与企业关系的影响以及职业教育观念的缺乏使得高职教育在与合作企业在决策、管理、执行等层面的文化差异十分显著。

二者之间的文化差异是开展产教融合需要解决的重要矛盾之一。其中，学校社会服务、教书育人、文化传承与创新的职能发挥，高端技能型人才培养的首要任务与企业中最小的成本获取与利润获得之间具有较大的差异性，这是需要进一步调整和整合的。另外，在产教融合的具体运行过程中也存在着相关的发展障碍。首先，由于缺乏对产教融合的整体推进而并未从系统的观点来统筹运作和通盘考虑的问题仍然存在，这也就难以在办学诸要素与企业的运行之间形成特定功能的整体，其相互作用和有机结合难以实现。其次，从产教融合的微观运行制度来看，其仍然还存在着待完善和不成熟之处，其中表现较为突出的是在运行中与学校中的现行制度所发生碰撞时而显示出的问题。最后，从产教融合的层次来看，现有的产教融合仍然保留在较为粗浅的层次，深度仍然不够，在技术开发方面仍然较为欠缺。这在学校与企业之间的主动性中就可以明显地表现出来，现今的合作更多地表现出了学校为了求生存而主动寻求企业的帮助，而反方向的作用力则较小，并未建立起真正可持续发展的产教融合的良性循环机制，这使得高职教育教学的资源转化为助推经济增长的动力目标仍然不能实现。另外，在运行形式方面，“校外实践教学基地”“校内工业中心”等是其主要形式，其他创新形式的开发较为有限，难以满足产教融合的发展趋势。

四、社会主义市场经济背景下产教融合育人模式的整体性构建

产教融合是高职教育育人过程的本质体现，也是高职教育改革与发展的关键和根本，它涉及指导思想、配套政策、文化融合、课程建设、师资提升等多个领域和内容，需要建立一套较为完善与规范的体系来实现。树立“产教融合”的人才培养模式指导思想，需要政府建立配套性政策、法律体系。“产教融合”的人才培养模式是在遵循职业教育发展规律以及“以服务为宗旨，以就业为导向”职业教育方针基础上的一种创新，这种人才培养模式改变了以学校、课堂为中心的传统模式，通过动手能力以及实践性的加强来帮助学生完成学业、促进就业，从而实现高职教育人才培养模式的根本转变。在法律和法规方面，政府应该提供和完善产教融合、校企合作的法律和法规，通过完善的法律和法规体系来提供其发展的保障。其中，在《中华人民共和国职业教育法》中缺乏对校企合作等领域的详细规定，现有规定过于原则化和模糊化。所以，以此法为例应该在其中构建对企业、行业、职业院校等各个主体中的权利与义务，除了对不履行相关义务所需要承担的法律责任之外还要通过法律和法规来制定相关的税收减免等鼓励性政策，通过规范规定来提高企业参与产教融合的积极性。“产教融合”的人才培养模式是一种职业教育观念的体现。所以，在此过程中学校应该认识到“面向社会、着眼未来、服务经济”的办学宗旨，在人才培养中加强与企业之间的沟通，将市场的短周期性与人才培养的长远性有机地统一起来；企业也应该明确地认识到对

高职教育的支持与配合是企业的责任与义务，同时，也应该认识到实习学生的潜在价值，从而使二者在科学认识的基础上推进“产教融合”的深化。高职教育“产教融合”人才培养模式的改革一定是与社会主义市场经济发展与产业转型升级密切相关的，这种现代化、生态化的高等职业教育需要教育、企业、行业的配合与支持，这也是全面提高高校人才培养产教融合的水平与教育教学水平以及社会服务能力的重要内容。与此同时，政府应该继续不断加大对产教融合、校企合作的支持力度，通过政策与法律的配套来支持其向前发展。现今政府虽然关于管理机制、资金投入等方面提供了一系列卓有成效的指导政策，但是这方面的力度仍需要进一步加强，其中在政策的导向作用方面也应该进一步深化。在具体的人才培养过程中应该开设产业与优秀企业文化的基础课，通过这样的文化渗透来更好地实现产教融合中对企业文化的认同。另外，在课程教学、学科发展等方面也要渗透产业文化，尤其是在具体的产教融合过程中让学生切实以员工的身份来接受和认同企业的规章制度，不断感受企业版的工业文化 * 学校可以通过结合专业特点在产教融合过程中使学生与职工共同参与社团以及文体活动等，来使二者的文化得以有机结合。在校企合作的基地建设过程中也要十分注重将精神文化中的工作价值观深入其中，将产业文化育人实践贯穿于育人的各个环节，不断形成师生的文化自觉。

另外，政府也应该通过对区域经济、教育、文化等领域的调查来因地制宜地出台产教融合的具体性实施措施与意见，通过此类实施办法、促进条例等来进一步助推产教融合的高速和高质量发展。实现“产教融合”中的文化融合，通过事务机构的建立来进行统筹规划。在进行产教融合过程中应该牢牢把握住文化的价值观主线，通过学校文化与企业优秀文化的因子的融合来助推产教融合中文化的生成。首先，需要通过产业企业文化进校园、教材、课堂来搭建合作文化载体，提升高校师生的产业文化素养。

“产教融合”的事务性机构在其发展过程中也是十分重要的，因为在企业、学校以及行业之间往往缺乏有效的协调与沟通机制，这导致学校教育标准和企业的人才定位不对接，出现学校关门办学等问题。所以，应该切实建立“产教融合”的事务机构，在此过程中要十分重视行业作为重要元素的加入。通过制度设计与机制建设来建立权威性的事务机构，其可以与行业机构共同来统筹规划产教融合中的具体合作事宜，从而实现政府主导与行业引导的主体框架机制的健康运行，进一步推进企业在产教融合中的主体作用。此机构的建立也有利于企业树立高层次的企业价值观，在与高校的合作中完成人才培养的任务，并且也能够解决在此过程中所产生的问题与纠纷。校企双方共同开发与实施优质骨干课程和教师一体化培养，构建产教融合的水平保护机制与评价体系。作为学科发展重要基础的课程建设是高职教育人才培养的核心环节，在产教融合过程中的课程开发要充分发挥高校和企业的共同作用来实现实践性课程的有效实施。围绕实际，通过岗位职业活动中的各种项目、工作任务等来设置实训实习项目，按照职业能力培养以及职业岗位要求整合课程内容，实现技术基础知识、素质培养、工作时间、专业能力训练以及职业培训有机统一的系统化课程体系，实现“教、学、做”的有机统一。

作为人才培养方案的执行者与实施者——专业教师的素质直接影响到产教融合的有效实施。在师资建设方面，要通过“一体化”教师培养来改变高校教师的初始学术性倾向，提高教师的实践与职业技能培养的能力。在课程的开发过程中适应本区域的经济发展需要，在课程标准的制定中应该充分吸收企业一线的优秀管理人员的建议，建立突出职业岗位核心能力、融入职业资格考试以及职业素养的课程标准。在课程的功能方面要将传统单纯强调技能与知识的思路转向同时注重学生情感态度、价值观以及学习的过程与方法的思路。

具体来说，可以通过教师企业实习、教师专业培训等形式来提高教师岗位技能，并逐渐了解现今企业的技术发展。另外，“双向挂职”机制在教师的专业素质发展中也至关重要，要逐步建立并完善高校教师定期到企业挂职顶岗的制度，与此同时，企业的专业人员也应该来校任教，使企业的技术骨干与专家在产教融合中指导学生的实习和实训。在产教融合的过程中高校也应该根据经济社会的发展、企业的用人需求等来建立健全与产教融合相适应的产教融合的水平保护机制与评价体系。这种产教融合的水平保护机制与评价体系应该紧密结合学校与行业、企业，由校内到校外延伸的全过程、全方位的教学产教融合的水平监控与反馈机制。在此过程中应该牢牢把握国家的职业标准和具体的专项的工作任务及具体专项的工作过程，实现学校、企业与行业之间的统筹，使学校所培养的人才与行业、企业需求相对接，以行业与企业的满意度为重要指标，从而建立科学有效的产教融合评价体系。

第二章　产教融合对高校转型的助推价值

第一节　高校产教融合支持系统建立的动因

一、产教融合立法层面

国务院发布《国务院关于加快发展现代职业教育的决定》，全面加快现代职业教育的发展。该决定明确表示，加快现代职业教育体系建设，逐渐深化校企合作、产教融合，目标是培育数以亿计的高素质人才和技术技能人才。该文件的颁布表明国家大力支持产教融合的发展，在制定和实施产教融合的促进政策方面，国家做出了一定的努力。然而，现实状况是我国还没有颁布专门的针对产教融合的法律和法规，虽然现有的法律、法规和政策在一些方面显示国家支持产教融合的态度，但是国家和地方政府暂未公布相关优惠政策、执行文件和法律和法规，也未发布相关税收、资本等方面的支持，使我们的国家进行产教融合具有自发性和民间性。

产教融合发展未受到政策保障，有以下四方面：

第一，企业、高校、行业协会代表的非高等职业学校参与校企合作、产教融合的责任和义务不是很明显，缺乏参与产教融合中的企业、高校、行业协会各自的权利、必要的监管和法律和法规的约束，来充分保护多方的利益。

第二，政府没有颁布奖惩机制，不设定具体标准，没有对产教融合进行监督检查，没有合理地设计各种各样的奖励和惩罚措施。没有建立荣誉奖项，实施校企合作效果较好的高校、当地企业、研究机构、当地社区、个人、行业组织，也没有一定的赞誉和资金奖励，对违反产教融合法律和法规、政策的参与主体没有明确的规定加以惩罚和处置。

第三，有关学生权益的问题不能确定，对到企业实习的学生给予相关的报酬、补贴，以及在实习过程中遇到人身伤害如何处理，都没有确切的规定。

第四，政府缺乏部门对于支持产教融合方面缺乏自觉性。同时，产教融合过程中缺乏《中华人民共和国企业法》《中华人民共和国税收法》方面的法律和法规。产教融合法规制定迟缓，导致参与主体的法律责任和权利不规范，无法可依。

目前，中国制定并出台了若干有关产教融合方面的政策，但这些政策都不健全、不完善。在高校与企业开展产教融合的过程中，大部分的合作和方案都依靠口头协议，而非正式的合同协议。假设任意一方发生撕毁合同方面的违约问题，就不能依靠相关政策、法律和法规来评判问题的对错，往往使双方的口头约定失效而无计可施。

二、产教融合财政政策层面

目前，我国未建立关于产教融合方面的专项资金，虽然我国发布了“科技型中小企业创新基金”“火炬计划”等项目基金，但这些项目都是以企业为中心、以高校和科研部为技术支撑的，正是基于此，如何分配所获利益比例、如何利用研发费用，这些问题都导致了企业、高校和科研部门的各自目标值相差较大，想使得三者都满意的想法不复存在。有关职业院校产教融合的税收优惠政策有两个政策文件，分别为财税〔2006〕107号和财税〔2007〕6号两项文件，文件中指出，参与产教融合且和高校签订3年及以上合作协议的企业，用于教学和提高技能培训的经费或购置设备的资金，实行企业所得税税前扣除。该政策在一定程度上刺激了企业参与产教融合的热情，但该政策没有落实和细化的内容。当企业在招收实习生而产生了生产成本和其他相关的费用时，没有文件给出相应的税收优惠，而通过减税或返还一部分费用，用以弥补企业参与产教融合产生的额外费用，这种想法是不能达到的，导致企业参与产教融合的动力略显不足。除了上述的两个政策，现行的《国家中长期科学和技术发展规划纲要》中，参与产学研合作创新的一部分给予税收优惠政策，但针对性不强且内容较少，致使对产学研合作创新的激励不足。而政府对研究型高校的资金投入有了很大的变化，相对以前的资金投入情况，现在政府增大对科研项目的资金投入，正是基于此，激发了研究型高校申报科研项目的积极性。而相对于普通本科高校而言，国家投入学校的教育经费还远远不够，办学资金十分缺少，有些高校的负债问题更是在很长时间内才得以解决。从高校自身的层面来说，高校若能自身通过科研项目，给广大教师投入项目经费，也是一种解决高校研究经费不足的好方法。科技研究与开发经费（R&D）的支出与R&D占GDP的比值是衡量一个国家支持产教融合、增强科技竞争力的重要指标。我国R&D的投入经费逐年增加，而相对于GDP的快速增长是不够的，也已成为我国高校产教融合发展的重要障碍。国家对产教融合缺少经费支持，在我国各级政府、企业、学校合作的过程中也缺乏资金的问题，缺乏对产教融合支持的专项拨款。缺少稳定的产教融合资金来源，现有“科技型中小企业创新基金”“火炬计划”等项目基金都是基于企业为中心，高校的作用仅仅是提供技术支持。所以，企业、高校之间的利益难以平衡，原因是研究资金及开发所需成本的发放，二者之间的期望值有天壤之别，导致高校和研究机构对此类项目基金申报的热情不高，参与主体不能保证，使得产教融合发展比较迟缓。目前，我国缺乏具体的、有针对性的职业院校产教融合发展的财政支持政策，现有的财政支持政策对职业院校产教融合支持力度不足，相对分散。虽然当前的国家财政政策表明了支持产教融合发展的态度，然而并没有实际操作能力，导致了大量的职业院校虽然有与企业相互合作的愿望，但企业无法从中保障自己的利益，原国家经济贸易管理协会组织实施了“产学研联合开发工程”，该工程助推了我国产教融合创新的作用，可惜的是目前该工程已经停止，但很多地方仍然沿用产教融合创新的制度保障。地方政府在不断增加财政支持产教融合创新的教育费用。有关产教融合税收优惠政策，我国发布得较少，有效的鼓励措施是企业主动参与的动力。

三、产教融合组织保障层面

产教融合能否持续、深入开展，促进政府、高校、行业间良好沟通，构建专门的产教融合协调机构是核心。政府需要建立一个长效的组织保障，来对产教融合的各利益主体进行审批、监督。由于目前我国政府没有建立专门的协调机构，来负责高校产教融合方面的设计、审批、考核、监督、评价，所以项目本身缺乏内在动力，企业主管单位、行业部门、财政部门、劳动部门等部门也因利益分配的问题，得不到大力的支持，产教融合只有靠老关系和已有的信誉来支持，没有组织的协调作用，难以形成长效的组织保护机制。为了加强彼此间的协调，保障产教融合组织运行的有效性，应建立从中央到地方各级政府部门间、高校与企业行业间的多层次协调机构，明确赋予产教融合协调机构的职责和权限，加大产教融合的组织保障能力。产教融合实施较好的国家（地区）都有完善的组织保障来均衡各主体间的利益。各国（地区）均建立了产业合作管理协会，控制和监督企业和高等院校。

四、产教融合评价体系层面

产教融合和学校教学工作相同，若要保持持续健康发展，必须构建科学合理的评价体系。由于我们国家对产教融合的评价体系重视不够，截至现在，产教融合的评价体系还不是很完善。应用型本科高校需要在政府的指引下，与企业、高校、行业机构共同建立 360 评估系统，按照合作的效果来找出差距，总结教训，进而制定更合理的合作方案。政府、高校、社会以及合作中的各大主体应严格地对合作效果进行考察和评价。产教融合的内涵和外延要求培养人才的产教融合的水平、管理水平；同时，也要考虑到企业产生的利益、企业合作产生的成本、培养专业的专业技术人员的数量等。

只有借助有效的、可操作性的评价体系，才能检验出产教融合的有效性以及正确性。产教融合评价体系不仅能直接体现为企业所培养的实践型人力资源能否达到企业的人才定位，还能体现为能否帮助企业获得最大的利益，更显现为能否为区域经济发展发挥最大的作用。

产教融合评价体系没有建立高校产教融合专家评估机构，其职责是在产教融合的项目中，关注各主体之间的进展和评估，对其应谨慎调查，谨防合作各方进行欺诈和欺骗。其次，没有建立高校产教融合的协商和仲裁制度，其任务是结合系统和管理手段，帮助解决高校与企业间合作中存在的矛盾，增加合作的稳固性。促进产教融合合作各方积极完善产教融合评价体系，鼓励生产，逐步开发以市场为导向的研发活动，项目验收的科技、科技奖励、职称评审结果的检验，应注意结果的创新、创意和技术水平，注重成果的适用性和社会主义市场经济产业化发展前景，产教融合合作的评价结果。

第二节 高校产教融合法规支持系统建立

我国在校企合作、产教融合等方面的相关法律和法规还不够完善，虽然国家已经开发出《职业教育法》《社会力量办学条例》等法律和法规，但总的来说高校仍然得不到法律保护。20 世纪 90 年代颁布了《中华人民共和国职业教育法》，这只是一个由政府制定的规范职业教育的法律，并颁布了《国务院决定大力发展职业技术教育的决定》，在 21 世纪颁布了《国家中长期教育改革和发展规划纲要》，包括职业教育产教融合的政策和法规大致超过 15 项，而针对高校产教融合方面几乎没有颁布的法律和法规。20 世纪 90 年代末至今，我们国家进入全面发展大众教育阶段，地方本科院校的办学目标逐步建立培训服务地方经济和社会发展的技术型人才。产教融合已成为高校人才培养产教融合的水平的关键环节，然而，与校企合作、产教融合配套的政策文件仍然一片空白。职业院校需要某种支持时只能参考职业教育校企合作的法律和法规和政策。研究现有的政策、法律和法规，可以得出：大部分属于国家政策，法律和法规规定缺少；规定性较多，实际可操作性措施太少；教育部门文件较多，其他政府部门和合作企业的文件较少。国外校企合作的成功经验告诉我们，一套严谨的、可操作的法律和法规，是校企合作、产教融合的基本保障。

一、产教融合法规制定的必要性

完善的法律和法规对产教融合有序发展起到了重要的监督作用，使产教融合真正做到了有法可依、违法必究。国外许多国家都有一套完备的法律监督体系，对产教融合的各个方面实施全方位的监督，其中，比较典型的国家是德国和美国。德国对校企合作、产教融合的管理主要是通过立法的形式来监督，这种法律和法规体系比较完备，结构紧密，相互协调，对监督、经费、政策落实全方位保障。德国政府及其行业组织发挥了监督、评价和指导的作用，经多年的经验验证，该法律和法规对校企合作、产教融合发挥了重要作用。

德国政府规定，联邦和地方政府有权监督企业和高等院校，同时明确相应的行业组织有监督企业和高校的权力，工商业协会成为产教融合的主管部门。行业协会有权对产教融合机构和部门进行监管，对产教融合的发展有着特殊的作用。行业协会的职能是规范行业的生产和销售行为，保护其成员的生产和生活的利益。德国政府已成立了产业合作管理协会，可以控制并监督企业和高校。同时由行业协会制定统一的职业教育能力要求,为企业和高校建立了专门的管理组织,为合作顺利进行提供了保障作用。德国政府在《职业教育法》中通过立法形式限制了培训合同的地位。职业培训合同是建立产教融合的重要内容,在职业教育体系中,学生进入企业之前,需要进行职前训练,首先符合一定资质要求的企业签订了明确的培训合同和合同形式，合同需要根据法律的规定，将培训方法、目的、内容和时机等详细规定。德国职业教育校企合作的各个方面都有一套包括立法、司法、行政以及对社会的监督，使德国职业教育产教融合实现依法治教，违法必究，使得产教融合健康有序地发展。

美国产教融合的法规对政府、企业、高校给予严格的监督，对产教融合制度高度重视。美国早在20世纪60年代就组成了国家级合作教育管理协会，该会由教育专家和知名企业家组成。20世纪90年代，美国成立必要技能部长理事会，目的是监督学生是否掌握了在未来职业上所需的高效技能。在过去的每一次改革中，美国政府都率先启动法律程序，用法律手段来规范教育的改革与发展，大大促进了高校与企业之间的合作。每部教育法都对项目进行严格规定与管理，规定分配经费、使用经费、监督等。事务要按照一定的规则发展必须拥有强制的手段，必要时处以监督和处罚。日本的《产业教育振兴法》和《职业训练法》均有违法处罚措施的规定，违法者需要被起诉。国家想法和意愿和高等教育发展是产教融合法规的理念，时代背景和实际面临的问题是产教融合的根本。政府的客体是政策和立法，产教融合的法规强调各级政府的权力，建立一整套职业能力发展体系，从中央到地方，既有利于现有的法律和法规，又能宏观管理。经费保障是产教融合得以持续发展的重要因素，企业、高校需要源源不断的资金来得以继续合作。各级政府、高校、企业都应设立专项资金，并颁布税收优惠政策，来有效地保障校企合作、产教融合的发展。国外许多国家通过颁布一些产教融合的法规，来保障经费的来源。德国有关校企合作的法规规定职业教育所有费用均由国家给予承担，德国企业也将拥有培训过的员工作为企业生存和发展的先决条件，愿意承担在工厂培训的学生的所有费用。所以，在德国的高校和企业之间进行合作的经费是政府和企业共同承担的。

（一）企业经济保障

企业提供经济支持是校企合作的重要保证。不是所有的企业都能得到培训经费，只有培训企业和企业培训中心才有。经费多少的差异取决于不同年限的培训、不同地区的经济发展水平以及不同规模的企业。企业可以获得 100% 的培训补助金的先决条件是培训的职业与发展的趋势，在正常情况下，企业获得的培训补助在 50% ~ 80%。

（二）政府资金保障

德国《职业法》明确规定国民生产总值的 1.1% 和工资总收入的 2.5% 用于职业教育。当德国在“二战”后经济困难时，政府也将保障资金用于职业教育，并由议会授权监督；《劳动促进法》规定要为专业进修提供援助，并处理学习期间的收入、待遇等问题。

产教融合法规的制定是助推国家、地方颁布产教融合政策的有力途径，企业、高校之间能否保持深度合作依赖于一国法规的要求。产教融合法规可以使产教融合的政策更加具体、明确、可行，可以使产教融合中所需的人力、资金、设施及运行得到根本的保障。目前，我国有关产教融合的法规还没有建立起来，政策扶持力度有限，不能完全适应产教融合发展的实际要求，并且由于体制的问题，产教融合、校企合作的政策也难以落实。只有当产教融合法规逐渐完备起来，在政策、体制等层面加以保障，才是产教融合得以长远发展的根本。德国通过立法的形式，规定了参与产教融合的企业的责任和义务，并颁布了相应的要求，并助推了大量政策对进行产教融合的企业严格控制，一些不符合产教融合规定和标准的企业是禁止招聘学徒工人的，以确保产教融合的水平和达到的高度。为了调动企业合作的热情，政府给予企业一定的优惠措施，如规定产教融合的合作费用包括生产成本、税收减免等。同时，国家拨付专款，与州政府和工商联等部门共同设立跨企业培训中心。联邦政府为产教融合各个环节提供了一个明确的、统一的制度，以促进产教融合往更高层次的方向发展。从美国、德国等国家在校企合作的经验可得到，政府在制定产教融合法律和法规时是积极的，在监督、资金、政策法律方面发挥了较好的作用。由于政府的高度重视，产教融合法规的积极支持，学校在教学、科研、管理和社会服务方面开展校企合作，学生、老师、学校、政府等主体分别通过各自的方式、方法支持和参与校企合作，形成了良好的校企合作、产教融合的社会氛围。

二、推进产教融合法规制定的具体路径

近年来，虽然我国的中央和地方政府积极倡导“以服务为宗旨，以就业为导向”的教育发展思路，并颁布了一系列的政策，促进产教融合的深入发展，但国家颁布的立法较少，关于普通本科高校产教融合相关工作的解决方法缺乏相应的法律规范和相应标准。产教融合主要利用高校和企业或科研机构和企业的不同合作方式，展示各自的优势和实力，根据资源共享、互惠互利的原则，一边培养实践型人力资源，一边发展科学技术。教学型院校运用的“合作科教”方式，不能达到企业的要求。运用“合作科教”方式的目的是培养一批具备创新能力且高级技术的实践型人力资源。在资源可以共享的基础上，没有做到互惠互利，也没有国家的宏观政策和法律保障，一切美好的“合作科教”方式不会长久发展下去。我国现行的政策与国外政策不一致，我国通过减少职业教育税费来支持教育。当收取职业教育税费后，企业为国家、社会培养人才的责任和义务就荡然无存了，企业可接纳学生来进行实习培训，同时也可不接纳。假设我国改变这项政策，向国外学习，即不收取或少量收取教育附加费用，并作特殊规定，对于减免的教育附加费用的用途加以约束，企业为国家、社会培养实践型人才的责任和义务也就存在了。

产教融合在德国、美国、韩国、日本等国家得到了较好的应用，各个国家的法律和法规和政策均予以支持，鼓励企业积极参与产教融合，并及时规范关于产教融合中企业和高校的权利和义务，政府在政策、财政等方面都给予大力支持。如德国政府自20世纪50年代以来，相继颁布了《企业基本法》《高等学校总纲法》《劳动促进法》《青年劳动保护法》等10余项法律和法规，规定了产教融合中高校和企业各方的责任和义务。我国政府应该加快立法工作，早日实现产教融合的法治建设。

国家和政府应该加强宏观管理和指导，鼓励行业、用人单位和高校参与产教融合政策和法规的制定，比如制定有关鼓励行业、企业参与产教融合实践型人力资源培养和产教融合研究促进方面的法律和法规，利用法规法律来进一步限定政府、企业和行业在产教融合培养实践型人力资源的权利与义务，特别是对参与产教融合的行业、企业，对其参与培养实践型人力资源的性质和地位做出具体规定，为其提供政策和法规的保障。目前，我国的不同地区、不同层次的产教融合在不断地尝试和实践，这些实践将为建立标准化的产教融合提供了宝贵的经验和基础。

各级政府应充分利用当地的优势开发一个可行的和实用的产教融合法律和法规，更适应当地经济发展的实施细则，建立可行的产教融合标准，支持和引导普通本科高校产教融合的长期机制。我国政府对普通本科高校产教融合的专门法律和法规需要尽

快制定并颁布，更深地明确产教融合中高校、企业和学生的权利、义务及互相的关系，维护双方的合法权益，限制产生机会主义的可能性，努力减少产教融合的成本。及时有效的法律和法规建设将有助于产教融合制度化教育建设和良性运行。

虽然我国先后共制定了关于产教融合的法产教融合法律和法规：《中华人民共和国教育法》《中华人民共和国高等教育法》等，但法规政策缺乏强制力，条款和规定相对零散。我国可以建立特殊的和专门的产教融合法律和法规的实施条款，以法律的形式来规范产教融合的良性运行，当事人的权利和义务明确规定了产教融合的权利和义务、管理模式、人才培养模式和经费的使用，以及相应的奖惩机制、政府部门的责任、法律责任等。

在法律的监督下，政府应该依据区域的实际发展现状，建立健全产教融合支持系统，通过建立产教融合各级教育管理协会进行加强指导和协调。一个现代企业人才培养工作的特点应是建立现代企业教育制度。制定职业等级标准辐射所有就业准入制度，改变现有的就业准入制度的现状，健全就业准入制度。各级政府应该加强对产教融合法律和法规的重视程度，加强监管，使我国普通本科高校产教融合的基本政策和法律保护得以正常运行。我国科学技术的进步、推进产教融合各方的真诚合作、加速科技成果转化的重要保障是依靠正确和有效的政策和法律和法规。目前，产教融合立法在我国仍处于起步时期，虽然引入了许多刺激和促进产教融合的法律和法规和政策，但缺乏配套的实施细则、良性制度保障和协调监督机制。政府应该尽快制定企业参与产教融合的税收优惠、允许企业捐赠教育资金的 30% ～ 50% 抵扣企业所得税等具体措施，使企业对高等教育投资的热情高涨。政府和行业需要共同制定实施细则，包括奖励、惩罚、企业承担的义务和责任。政府和行业共同制定有关政策，用以支持企业更深入地参与到产教融合中。

第三节　高校产教融合财税支持系统建立

我国产教融合发展的主要障碍是缺乏财税的支持。为了促进产教融合的顺利开展，我国各级政府除了设立专项资金之外，还应颁布税收减免政策，设立产教融合贷款及创新资金，建立风险投资机制等，从而促进产教融合的长久发展。目前，产教融发展较好的国家通常选择减少直接拨款比例，增加财税、金融方面的间接资金来支持产教融。其经济优惠政策包含税收减免政策和资金优惠政策。资金优惠政策的主要途径是建立风险投资基金、设立专项贷款制度、实行资金保障和发行股票、债券筹资等。税收减免政策主要包括减免新产品税和科学技术投资等。除此之外，加速生产资料折旧也是许多国家制造业通常采用的刺激企业投资创新发展的办法，其实质是提供无息贷款给企业，即利用减税的方式来回收成本，同时将节省的资金用于新的投资项目。德国基本法明确规定将从国内生产总值中拿出一部分，来保障产教融合资金的周转。澳大利亚政府参与融合，对接受学徒的公司提供资金援助，扩大了资金支持渠道，使企业生产和教育更好地融合。不仅国家将大力为企业筹措资金，企业也积极地提供资助。国外有些国家做出相关规定，企业要每年拿出一部分资金，然后再由政府统一发放。多渠道的资金来源使发达国家产教融合经费来源的保障能力增强。韩国的科技技术创新体系由政府、企业、高校、科研机构组成。韩国政府制定了大量的财政补贴和税收优惠政策，加快技术创新，并为了促进技术发展，逐渐扩大科研技术渠道。比如，允许将企业利润的20%作为研发投资，并且保证在前两年，可以将此资金作为损失处理。为提高资源利用的效率和科学技术的研究和开发率，改革政府的科学研究体系，把研究所从政府部门分离开来。为了加速工业技术创新的步伐，研究所逐步私有化，政府支持的项目资金逐渐减少。政府鼓励一些实力较强的企业建立自己的研究机构，对应交税款可以给予适当减免。

一、建立多渠道经费保障机制

为了促进普通本科院校生产、教学一体化，我国各级政府、大学、企业应当建立产教融合教育专项资金，促进有效的整合发展。首先，明确各级政府的责任和投资的比例，逐渐从设立的产教融合专项资金中支出。其次，建立一个稳定的金融投资增长机制，根据职业院校教学的实际需要增加财政投资比例，以确定发展目标与职业院校及其财政支出的一致性。各级政府在中国也可以建立产教融合政府教育奖励基金，鼓励多层合作，奖励在企业、教育和个人中有突出表现的。目前，浙江、重庆等地，由政府建立产教融合教育专项资金，支持和奖励实施产教融合较好的优秀用人单位和高校，保障了参与者的利益，并取得了令人瞩目的成绩。设立产教融合专项资金，是当今许多发达国家支持高校、企业互相合作的重要途径。如美国、英国、德国、澳大利亚等其他发达国家都把设立产教融合的专项资金作为长久发展的标志，并把其相关规定写到法律和法规中。如美国国会通过的《高等教育法》规定，拿出一部分资金来支持、鼓励产教融合的发展，将有关产教融合的教育资金作为单独的事务，重点管理。英国政府拨出125亿英镑，促进项目的发展，这一举动受到一致欢迎。在有限的政府开支条件下，我们的大学应积极倡导设立专项资金来支持产教融合的开展，用于建设人才培养基地，支持高校和企业共同研发课程，支持教师参与产教融合实践的项目。高校对资金进行筹备有以下几种途径：

第一，大学和地方政府之间开展合作项目，建立产教融合的生产和教育创新基金，参与项目生产和教育的高校教师和学生提供援助，包括实践基地基础设施支出、课题经费等；大学可以签合同，对象是企业和政府部门，从而获得横向课题研究经费。

第二，大学还可以吸收社会力量，获得各种私人、企业、团体的捐赠，如校友基金会，促进政府和社会力量的结合，形成一个强大的教育保护机制。资金是一个企业生产得以正常运行的关键因素。中国政府应鼓励企业建立产教融合专项资金，进而促进产教融合深层次的发展。企业设立特别基金的方式有：一是对与企业合作的高校提供励志奖学金、产教融合专项基金；二是对到企业有过实践培训的教师学生，提供相应的薪酬；三是企业要按规定时间交付一定的资金，该资金用于企业培训，由政府统一发放。根据专业培训的时间、地区和规模的差异，一个企业可以取得相应的资金也是有所区别。良好的环境，是鼓励、引导企业大量投资、产教融合可持续发展的重要条件。国家有关部门应该成立一个产教融合专项贷款，专注于培养具有社会主义市场经济产业化发展前景的创新集成的项目。对那些周期较长、资金需求较大、企业扶持困难的高科技项目，提供必要的配套资金，还要建立相应的审查和监管机制。产教融合创新资金是用来促进重点扶持初创业阶段的中小企业与高校进行合作的。对于创业初期的中小企业来说，融资是非常困难的，创新资金的设立是被广泛需要的。产教融合创新资金是企业能够前进的动力，奠定了与高校合作的基础。中小企业专项资金主要采取财政拨款的方法，50% ~ 60% 是由中央财政支持的项目，其余部分由地方政府和企业提供。另一个重点是专项资金支持大型企业与高校开展合作。这主要针对大型企业虽然有一定的创新资源和能力，但往往缺乏合作创新的动力来支撑。大型企业的专项资金，可以通过免费或补贴贷款，加快高校与企业更高层次的合作。风险投资对互联网科技产业的发展具有十分重要的意义。风险投资主要依靠政府的财政支持对一些中小企业进行项目上的支持。我国政府对风险投资还缺乏一定的认识，支持产教融合风险投资方式几乎没有涉猎，所以，我国应大力开展风险投资的业务，避免给参与主体造成不必要的损失。各级财政应每年应拨出一部分专项资金作为产教融合科技风险基金和贴息资金，来保障企业的发展，风险储备基金允许从风险投资机构的投资总额中提取、使用。我国应加快建立产教融合风险投资360评估系统，并建立一个可操作的、科学的、有效率的评价程序，最后，能够在某种层面上识别和控制风险。

二、构建全方位财税政策支持体系

产教融合的迅速发展，使财税政策支持体系的建立迫在眉睫。体系的内容具体如下：第一，积极引导企业主动参与产教融合，政府需要建立一个全方位的财税政策支持体系。鼓励行业组织、企业建立高校的培训，参与企业实施减免土地税，本科院校办学经费税收也可减免，还可以进行部分救济，政府对参与产教融合发展的大、中、小企业都给予一定的财政补贴和支持。通过扩大的土地面积，企业享受税收优惠政策，学生在实习过程中因报酬出现的生产成本，享受职业教育税费抵扣待遇。第二，高校教育基金应按职工收入的 1.5% ~ 2.5% 提取，在政府的统一管理和分配后，纳入产教融合专项基金中，剩下的资金直接退款到高校。第三，政府应该对企业税收政策进行顶层设计、宏观管理，弥补企业参与生产和教育的支出成本。

政府需要在企业的增值税、所得税和教育的附加费以及营业税等方面上给企业一定的税收优惠政策，把企业的积极性调动起来，让更多企业参与到产教融合中，培养出更多拥有高素质的技能人才。许多发达国家通过税收优惠，来促进政府和中小企业、高校建立合作关系，使企业、高校之间产生相互依赖和信任。如英国政府对投资每年超过 50 000 镑、年营业额不到 2 500 万镑的中小企业，使其享受减免 15% 的税收优惠待遇；与高等院校合作没有盈利的中小企业，可以提前申请税收抵免，相当于 24% 的研发资金重新返回到企业手中。

企业可以通过安排学生到企业参加实践、培养学生的实际操作能力，来得到教育税收减免，当然这是在企业与高校签订计划的前提下。许多发达国家均制定了相似的税收调剂政策，即规定各个企业使用应缴增值税额的 0.5% ~ 2% 来帮助高校培养学生的实践动手能力，这是企业为国家、社会培养人才的责任和义务。假设企业不能履行这个责任，其应缴增值税额的 0.5% ~ 2% 不但需要补交上去，而且还要接受一定的处罚。德国政府为了调动积极的企业参与到产教融合中，也给予公司一定的税收优惠政策。企业在培训学生时，必然产生基本的生产成本，对于这部分的教育费用和成本费用，税收全部减免。与此同时，加拿大政府也通过退税政策鼓励用人单位与高校密切合作，以确保顺利进行。我国应尽快建立一个全方位的财税政策支持体系，鼓励企业与高校深层次的合作，减少产教融合各方的直接成本支出，为产教融合的顺利达成和正常运行提供基本的保障。

第四节　高校产教融合组织支持系统建立

《国家中长期教育改革和发展规划纲要》指出，“建立健全政府主导、行业指导、企业参与的办学机制，制定促进校企合作办学法规，推进校企合作制度化”。高校、企业之间的发展当然也需要制度化及规范化。近几年，高校与企业间的互动掀起了高等教育发展的走向另一个阶段的狂潮，受到社会各方的关注。但由于目前产教融合体制不完善，缺乏有力措施来规划、布局，所以产教融合的效能还未发挥。只有通过建立产教融合的组织运行管理机构、健全产教融合制度保障，才能来解决政策制度不到位等实际问题。

一、建立产教融合组织运行管理机构

在企业与高校的合作过程中，会涉及许多职能部门，这些部门中出现利益争夺时，必须建立一个专门的产教融合协调机构，让其来解决各部门出现的难题，协调产教融合中出现的各种矛盾，从而保障政府、企业、高校的正常运行。

产教融合协调机构的主要功能如下：一是协调企业、高等院校等多个主体之间的利益，在资本投资、合作方式和产教融合创新的渠道上，提供具体的细节管理和协调，监督生产和实施项目。二是联合政府部门、高等院校，大力开展产教融合创新的相关理论研究和政策分析，制定实用和有效的政策措施，促进产教融合的顺利开展。

国外产教融合发展好的国家都成立了专门的产教融合协调机构，用来管理和沟通学校、企业和行业之间的工作。例如，德国的产业合作管理协会，监控和监管企业与高校的所有事务；韩国的产学合作科，全面掌控合作中的所有问题；美国早在 20 世纪 60 年代时就建立了美国合作教育协会，用来负责各主体之间的关系。

深入开展产教融合的关键则是由教育、财政、行业等部门统一联合建立产教融合决策与执行管理协会，共同为高校产教融合搭建平台，负责统一调度的工作；积极沟通政府、高校、企业之间的相关信息，负责高校、企业双方的沟通；寻找更多企业与高校合作；对产教融合的过程进行监察，必要时实施奖惩。

产教融合教育决策管理协会和产教融合教育执行管理协会构成及其任务如下：第一，产教融合教育决策管理协会由政府牵头，构成部门分别是教育、财政、发展等部门，推进产教融合工作协调指导小组的作用，加强部门之间的统筹协调，形成政策合力，尽快发布促进产教融合的指导意见。产教融合教育决策管理协会是做决定的组织，其任务是研究高校产教融合发展形势，规划高校发展目标和内容，协调各主体间的利益关系，制定并落实政策，检查和推进教育工程的发展。在允许的情况下，企业、高校和第三方服务机构代表也可成为产教融合教育决策管理协会的成员。第二，产教融合教育执行管理协会产教融合教育执行管理协会可由政府相关职能部门的成员和第三方服务组织构成。该管理协会是将产教融合教育管理协会的相关计划、目标、任务给予落实并实施，与各大高校、企业经理、行业经理和第三方中介组织的经理通过开会讨论、洽谈等形式确定可实施的项目、伙伴以及实现双赢的途径。

产教融合的有效发展是建立在组织保障的基础之上的，然而，在实际调查过程中发现，大多数职业院校目前还没有专门负责产教融合的协调机构，多数是代管，其产教融合行为很多处于自由、散漫的无组织、无人管理的混乱状态中。正是基于此，高校应逐渐建立专门的产教融合协调机构。由学校设计规划，组建“行、企、校”为一体的产教融合协调机构，以此为平台，以促进“行、企、校”合作主体间紧密衔接、深度合作。按照严格的标准和要求，可建立如下管理协会：第一，教育规划和专业设置管理协会，其责任是把握行业的发展动态和国内外高校教育发展前景，从宏观方面指导高校的总体发展方向；提供行业标准、岗位能力目标，对主要设置、课程发展、教师队伍建设等进行研究；全面掌握高校、企业目前面临的问题。第二，师资协调管理协会，基于企业、学校协调的前提下，建立校企人事工作轮换制度、互相聘用制度等；建构“请进来，走出去”的教员互动机制，形成一个稳定、共享、高产教融合的数据库。第三，项目管理管理协会，管理所有事务过程中项目的合作，主要包括：一是项目的过程管理：包括发起、计划、规范安排；二是项目资源管理：其一，人力资源管理，包括合作对象的人数、责任、事务、管理费等；其二，资金管理，包括成本分布、年度利润分享、合作的预算和结算等；其三，材料设备资源，包括常用的合作办公设备、教学设备、培训设备的合理使用和适当的管理。

大多数企业设立组织机构是为了企业的经营，产教融合协调机构在企业中设立比较罕见，正因为如此，从某种意义上来说，其妨碍了高校与企业之间的联系和发展。企业应设立专门的产教融合组织管理机构，按照规章制度来承担其应尽的义务和责任，鼓励高校学生与教师到公司进行学习和进修，为各大高校提供训练场地、基本设施，规定特定人员，做好安全讲解；利用好高校的优秀人才资源，与高校进行产品研发与攻关，为企业未来发展打下坚实的基础；将企业的需求融入产教融合发展过程中，通过制定目标、联手培养优秀人才，并提供基础设施支持等途径，与高校联手，共同培养满足经济发展的必要人才。产教融合协调机构不仅能为企业节省人员招聘费用、缩短职工工作时间、降低职工流失的风险，同时，为企业带来巨大的利益诉求。

二、健全产教融合制度保障

政府应该建立专门的产教融合监督检查机构，让相关部门对产教融合项目及其实施情况进行监管和评估。同时，监督检查机构应努力构建顺畅、监管有力的产教融合监督检查工作体系以及长久的监管工作机制，加快监督检查工作的制度化。除此之外，监督检查机构还应不断完善监督检查方式、方法，将有力的监督检查工作落实到产教融合的各个环节中，以助推产教融合监督检查工作的科学化。政府还应建立产教融合的评估体系，制定科学的评价标准，建立严格的评估过程，对产教融合进行全方位、多层次的评估。评估内容不仅是监督是否符合国家的法律、法规，是否对当地区域经济产生影响，还要评估高校所在的政府在产教融合中发挥的作用如何。以评估系统为基础，逐步建立激励机制，鼓励企业积极参与，激发他们的热情，对取得良好成果的企业施以多方面的奖励。如在人才培养、技术研发创新、企业综合实力评价等方面。目前，大多数高校向企业寻求合作仅仅是为了生存和发展，能够随着市场的发展趋势谋一席之地。企业、高校、行业间需要拓宽渠道，进行形式多样的、全方位的深度合作，逐步推进产教融合的深层次发展，积极研讨有效的产教融合模式，如技术研发、岗位承包等，从而稳定长期持续的关系，促进产教融合在人才培养中发挥最大的作用。传统产教融合存在一定的弊端，我国政府、“行、企、校”应敢于创新、转变已有观念，研究更多适合于我国国情社会发展的、有效的、多层次的高校产教融合模式，对企业的合法权益加以保护，鼓励企业积极介入，调动其参与热情。产教融合的创新机制需要企业、高校、政府、行业多方面一起完成。政府应该做好规划、统筹角色，全面创造一个良好创新氛围，创造平等合作、多方共赢、全面提升的氛围，来保障高校产教融合有序地发展。

政府必须做好各部门之间的宏观管理，协调并沟通好各职能部门之间的利益关系，政府的支持和鼓励是高校产教融合发展的重要的保障。政府直接对政府是产教融合过程中最直接的宏观管理者与决策者。政府应将各部门的任务、行动统一规划，积极开展产教融合，制定相应的法律和法规、制度，为产教融合提供良好的环境及资金支持；确定各主体在产教融合中的权利及义务，规范产教融合行为，为高校产教融合的长远发展提供基础。促进政府宏观管理应从以下两方面实施：

（一）完善政策、法律和法规体系

高校产教融合发展需要有政策、法律和法规及资金的支撑，只有具备完善的产教融合支持系统、多元化的产教融合模式，其才能持续、健康地发展。

（二）采取各种措施，指引产教融合各主体开展联合创新

采取各种手段和措施，积极开展产教融合，各主体通过创新联盟、产学研相结合等各种形式开展联合创新，将产教融合创新与市场创新、技术创新等有机相结合，从而有效提高产教融合创新的总体水准。

（三）完善高校内部调控机制加强改革，扩大高等教育的自主权

高校可以根据需要调整组织管理体系、专业设置，并决定办学模式和管理体系，以实现产教融合的自我调节。高校建立和完善弹性学制，显现学习的时间尺度、学习过程的实用性以及学习内容和学习方式的选择性。大学要加强自我内部改革，努力建立教师愿意开展科技服务和技术服务的气氛，使其愿意为企业和社会带来新的服务技术。新形势下，应该以有效整合生产活动和教育教学的资源，实现校企合作、产教融

合的有力发展。学院和大学应该建立在互利共赢的基础上，建立产教融合长久的发展制度和方式，充分发挥高校的专业技术长处、教育教学的资源长处等，结合企业、行业的需求，积极提供支持和保障，包括人才、科技、教育培训等。根据高校与企业的现实状况，开展多种方式的合作，努力探索建立一个稳定的、长期的人才培养模式，培养满足社会和企业的需求。

（四）完善企业内部调控机制

加强现代企业治理机制，明确责任关系，通过规章制度来规范产教融合合作活动，形成长久的发展制度。企业应当建立产教融合的内在需求机制，提高对产教融合的认识，因为产教融合对国家、社会发展的意义重大。企业应积极主动地参与产教融合活动，采取有效措施来推进产教融合快速发展。

（五）建立风险预警体系

因为缺乏制度约束与保障，公司承担风险与压力，合作的风险性贯穿于产教融合的全过程，然而，高校自身并不具备实力把资金转化产品。正因为如此，公司对大多数成果的转化不想承担过多风险，只想承担少部分风险。企业希望国家通过有关政策规定或介入风险投资机构、金融投资机构的方式，去跟企业共同承担风险。所以学校和企业应在政府、行业的指导下建立风险预警体系，从而最大限度地减少产教融合的风险损失，以提升产教融合发展的效益。产教融合中的参与主体——企业、高校都可以在不给对方造成巨大损失的前提下，退出合作。

第五节　高校产教融合综合评价支持系统建立

建立完善的高校产教融合 360 评估系统是双方深度合作的要求，产教融合 360 评估系统主要对产教融合的合作项目、形式，以及合作效果等进行评价。在产教融合过程中，高校经常出现争夺政府资助或优惠政策项目的情况，浪费国家资源。为此，政府必须建立一套科学、标准化的支持职业院校产教融合项目管理体系，制定科学的生产合作体系，制定评价标准，使评价工作具有科学性、制度性、规范性、标准性，并逐步完善产教融合合作项目、工程监理、开支审查、过程监督和验收审查，并且一定要积极严格地执行。

一、产教融合 360 评估系统的设计原则

产教融合不仅直接反映普通本科大学培养应用人才的产教融合的水平，同样，也可以反映用人的标准和企业的规范性，还可以反映企业的生产能力和技术含量。及时访问结果，收集反馈信息，将有助于促进普通本科大学校企深度合作的发展，促进高校之间的合作互补，使高校与企业间达到合作、相助。职业院校应在国家的指导下，与行业协会、合作企业共同建立一个 360 评估系统，在合作效果评价的基础上，得出经验，寻找差别，确定更有效的训练计划。职业院校在科学性和系统性评价的基础之上，遵循以下原则：

（一）操作性原则

产教融合的评价是一个直观的感觉，必须简洁，容易实施。评价者表达出一些特殊的感情，还应该审查设置特点，最重要的是让评价者把产教融合中的优点和缺点用最简洁的词语描述出来，使评价指标体系更加具有科学性和精准性。可操作性的评价包括两个方面：一是指标的建立应清晰、易懂、简化适中，以便于数据的采集，数据的计算应该是遵循标准化流程：二是评价体系和指标计算的相应方法应该简单、科学、便于操作，为了确保评估结果的准确性、可信性，使用科学的方法。

（二）全面性原则

事务总是互相联系的，从某一角度片面地处理问题只能显示出现象，不能揭露其本质。对产教融合的评价应从组织、管理、培养条件、教学过程和培训效果等角度进行。

（三）目标性原则

因为参加评估的人身份未知，它有一个不确定的视角，不确定评估方式，这就导致将列表变成包括领导评估、同行评估、学生评估等许多评估模型。

（四）指导性原则

产教融合可以反映现有评价体系，用高校与企业合作的精神来指导课程的理论学习和实践学习。

二、产教融合 360 评估系统的构建

从高校方面考虑，在高校投入方面，主要考虑高校投入科技人员，主要考查高校投入产教融合科技人员占高校科技人员的比重；高校投入实验仪器，主要考查高校投入产教融合实验仪器占高校试验仪器的比重；高校为企业吸入科研成果，主要考查高校提供给企业的科研成果数量占高校科研成果的比重；高校在合作运行过程中，考虑师资队伍，主要考查应用技术型本科高校兼职教师的比例以及具备现场工作能力与技术开发双师型教师的比例；合作课程设置，主要考查实践课程占总学时的比例、工学结合方式授课的课程占总数的比例；协调组织，主要考查是否设立企业专家工作室、专家建设指导管理协会，以及其成员校外企业或行业协会所占的比例；育人资源共享，主要考查育人资源共享程度；高校在合作效益方面，主要考虑毕业生的就业能力；毕业生就业能力，主要考查毕业生就业率、对口率、起薪水平；合作发表论文，主要考查合作发表的论文量；合作发表专著，主要考查合作出版的专著数量。

从企业方面考虑，在签订技术转让合同方面，主要考查合作签订技术转让合同的数量；企业投入资金，主要考查企业投入的资金量；企业投入设备，主要考查企业投入的设备量；企业建设就业前实践的专门基地，主要考查企业建立就业前实践的专门基地能否满足要求；企业投入研发人员，主要考查企业投入研发人员占企业研发总人员的比重；合作中技术开发与应用，主要考查合作中技术开发与应用的程度；教学设施利用，主要考查教学设施的利用率；合作项目，主要考查合作项目的数量；协调组织，主要考查高校专家工作室；合作中知识产权，主要考查合作中知识产权的授权数；对区域经济发展的贡献，主要考查毕业生占当年区域新增人力资源的比例；合作中产生的利润，主要考查合作中产生的利润值；合作产生高技术产品，主要考查合作产生高技术产品的数量；为企业培养专业技术人员，主要考查为企业培养现场专业技术人员的数量；为企业培养专业技术人员，主要考查为企业培养专业技术人员的数量。

在产教融合 360 评估系统总体设计上，拟对参与主体进行分类，从高校、企业两个主体方面进行综合评价。高校评价、企业评价作为总体评价指标体系的 2 个一级指标，然后将 2 个一级指标分解为 6 个二级指标，在此基础上，将 6 个二级指标分解为 25 个三级指标。对这些指标进行选取和设计时，既要考虑合作的两个主体——高校、企业，也要考虑合作的三个方面——投入、过程、效益，使评价指标体系能较好地反映产教融合运行的实效性，以便于后续研究者参考。根据产教融合综合评价指标体系设计原则，初步设计出产教融合综合评价指标体系，高校是产教融合中培养实践型人力资源的主体，在产教融合的过程中具有举足轻重的地位和作用，所以将高校的权重设为 0.5。从高校角度构建评价指标，主要为“高校投入”“合作过程”“合作效益”3 个二级指

标和 10 个三级指标。企业是产教融合中培养实践型人力资源的主要合作对象，也是决定实践型人力资源培养的关键合作对象和输出对象，所以将企业的权重设为 0.5。从企业角度构建评价指标，主要为“企业投入”“合作过程”“合作效益”3 个二级指标和 15 个三级指标。

高校产教融合是适应社会的发展需求、是教育教学的资源与社会目标协调发展的必经之路。在本研究中，通过对产教融合法律和法规保障、经费保障、组织保障及 360 评估系统的研究，认为产教融合要想从根本上得到发展，政府必须把以上四大层面的问题进行解决：建立一套适应产教融合发展的规范的、成熟的法律和法规政策，来明确参与主体的权利、义务，监督、约束各参与主体的行为；拓宽产教融合经费的筹措渠道，加大企业税收优惠政策，完善产教融合风险投资机制，使高校、企业能积极参与到合作中；建立完善的产教融合组织运行管理机构、产教融合制度保障来规划和完善现有的体制，充分发挥他们的效能，解决实际问题；建立合理的产教融合 360 评估系统，对合作中涉及的资金、项目、组织结构、合作效果等进行评价，建立一套科学性、权威性、标准性的支持高校产教融合发展的管理体系。

从国家层面上，对高校产教融合支持系统进行研究和设计在国内尚属首例。研究至此，深切地感悟到中国高校产教融合是一个庞大而复杂的问题，要从宏观层面上把握高校产教融合支持系统的研究，还需要更多的实践和理论。研究提出了一些原创性的观点，但由于可借鉴、参考的相关文献有限，在学理层面上不够深入，在方法层面上不够成熟，在应用层面上不够具体，留下了一些今后需要改进的内容。例如：一是调查的范围不广。调查对象是当地的几所高校，没有选取更多的高校，结果没有说服力，不能作为推广的代表；二是调查的对象不够全面。由于负责产教融合的相关责任人事务繁多，在跟企业互相联系时，因各种公务延误，参加调查的企业寥寥无几，得到的数据有片面性；三是访谈提纲不够成熟。受的理论水平和研究水平的局限，有些问题思考不够完整、成熟，不具有科学性。除此之外，在访谈过程中，因为经验较少，会被访谈者带动，有些问题不能得到及时反馈和解答。

综上所述，本研究仅对高校产教融合支持系统这个具有重大理论意义和实践意义的研究命题进行了初步的研究，今后，还将继续研究并完善。

第三章　产教融合与校企一体化的体制机制

体制机制的建设是当前高职院校在推进校企合作中不可回避的问题。按照《辞海》的解释，制度，通常是指社会制度，是指建立在一定社会生产力发展水平基础上，反映该社会的价值判断和价值取向，由行为主体（国家或国家机关）所建立的调整交往活动主体之间以及社会关系的具有正式形式和强制性的规范体系。体制是指国家机关、企事业单位在机制设置、领导隶属关系和管理权限划分等方面的体系、制度、方法、形式等的总称。体制通常指体制制度，是制度形之于外的具体表现和实施形式，是管理经济、政治、文化等社会生活各个方面事务的规范体系，具有很强的目的性和强制性。机制原指机器的构造和运作原理，借指事物的内在工作方式，包括有关组成部分的相互关系，以及各种变化的相互联系。机制通过制度系统内部组成要素按照一定方式的相互作用实现其特定的功能。制度机制运行规则都是人为设定的，具有强烈的自组织性。如竞争机制、市场机制、激励机制等。制度、体制和机制处于社会有机体结构的不同层面，各有自身的特殊规定、特点和功能定位，发挥着不同的作用。制度位于社会体系的宏观层面，侧重于社会的结构；体制位于社会体系的中观层面，侧重于社会的形式；机制位于社会的微观层面，侧重于社会的运行。在现实社会中，制度或体制要发挥特定的功能和作用，往往需要许多个机制共同起作用，形成若干“机制丛”。而每一个机制的形成，又需要若干要素的相互联系和相互作用。这样，制度和体制的本质要求和基本目标就借助机制的作用而具体化、细化和现实化了，具有可操作性，因而更容易落到实处。

对于高职教育和高职院校而言，一所高等职业教育学校的体制可以指办学体制、领导体制、管理体制、投资体制等，机制可以包括内部机制、外部机制和交叉融合机制。从工作组织方式来看，体制是高职院校争取外在办学力量的表现方式，机制是高职院校内部管理和运作的有效方式；从工作内容和效果来看，体制创新带给高职院校的是政令畅通、融资畅通，机制创新带给高职院校的是管理畅通有效。总之，体制是表示纵向关系的组织制度，机制是表示横向联系的组织制度。辨清两者关系，是理顺高职教育体制、机制的若干问题的前提。

第一节　产教融合与校企一体化的要素分析

一、利益相关者理论

20 世纪 60 年代，斯坦福大学研究所最早明确地提出了利益相关者的定义："利益相关者是这样一个团体，如果没有他们的支持，企业就不可能生存。"尽管这一定义比较宽泛和狭义，但它使人们开始认识到，企业追求的不再仅仅是股东的利益，还存在影响企业目标实现或受企业目标实现影响的群体。20 世纪 80 年代，弗里曼在《战略管理：利益相关者管理的分析方法》中提出了利益相关者管理理论，认为在经营管理活动中管理者有必要综合平衡各个利益相关者的利益诉求，利益相关者只有在预知获得激励和补偿的状态下才会有无尽的动力和活力，这一理念为实现校企深度融合提供了理论基础。

20 世纪 90 年代末，联合国教科文组织在巴黎召开的世界高等教育会议上指出，为适应高等教育变革和解决所面临的问题，高等教育不仅需要各国政府和高等院校的积极参与，而且需要所有有关人士的积极参与。高等教育被要求与社会、政府、企业界、学生等建立广泛的合作伙伴关系。需要注意的是，这种合作是建立在合作伙伴之间共同的利益基础之上的。

利益相关者理论认为，一个组织获得长期生存和繁荣的最好途径是：考虑其所有重要的利益相关者并满足他们的需求。同样，良好的利益机制是推进校企合作深度发展的动力和维系校企合作良性运转的纽带。作为一个典型的利益相关者组织，高职院校在开展校企合作的过程中，不能仅仅关注学校自身的发展和高技能人才的培养，还要关注学校自身发展与其他利益主体和谐共存的问题，关注在与利益相关者合作过程中如何趋利避害。

二、高职教育校企合作利益相关者分析

利益相关者就是任何可以影响组织目标的实现或受该目标影响的群体或个人。一个组织的利益相关者必须具备三个属性：合法性，即相关利益被法律和道德认可；影响力，即具有影响组织的地位、能力和手段；紧迫性，即其主张或要求可立即引起组织决策者的关注。利用利益相关者理论分析高职教育校企合作，并不是在"以营利为

目的”的“企业”的意义上使用利益相关者理论，而是作为一个非营利性组织来理解。

美国的罗索夫斯基根据利益相关者与大学之间的重要性程度，将大学的利益相关者划分为四个层次：第一层次是最重要的利益相关者，包括教师、行政主管和学生；第二层次是重要的利益相关者，包括董事、校友和捐赠者；第三层次是“部分拥有者”的利益相关者，包括政府、银行家、学校规章制度的调节者和许多学术活动的评审委员会，即他们只在特定条件下才成为大学的利益相关者；第四层次则是次要层次的利益相关者，包括市民、社区、媒体，他们是大学的利益相关者中最边缘的一部分。罗索夫斯基关于大学的利益相关者的划分和界定因具有广泛代表性，而被国内外大多数学者所认可。

根据罗索夫斯基关于大学的利益相关者的分析理论，高职院校和企业分属两个不同的利益相关者组织，高职院校的利益相关者包括政府、教师、管理人员、学生、家长、校友、媒体、社会公众、中介等，企业的利用相关者包括股东、管理人员、员工、顾客、分销商、供应商、贷款人、政府、行业协会等。当高职院校与企业有校企合作项目时，校方相关领导、指导老师、实习学生等以及企业相关的领导、指导师傅则构成内部利益相关者；其他的则成为外部利益相关者。

现代职业教育的实质就是“面向职场需求”的专业教育，因为要满足三个关键利益相关者的需求，即学生求职和职业生涯发展的需求、产业对专业人才的需求、国家对社会和经济发展的人力资源建设需求。这三个需求都不约而同地指向了职场的需求。学生 / 家长、学校 / 教师、产业和政府是专业教育的关键利益相关者。

三、产教融合与校企一体化的要素分析

高职院校独有的特性，决定了高职院校发展必须引入“产教融合与校企一体化”的理念。根据利益相关者理论，我们重新梳理政府、院校、产业（企业）、科研机构、市场之间的多方关系，形成了“共同愿景、共构组织、共同建设、共同管理、共享成果、共担风险”的相关利益者，架构了“合作办学、合作育人、合作就业、合作研发、合作发展”五位一体的政、产、学、研、市一体化办学模式。政、产、学、研、市五个核心要素只有这样紧密合作打造共同体，才会有生命力，才能满足和适应区域社会、经济、行业企业的需要，获得可持续发展。

（一）产教融合与校企一体化核心要素

作为产教融合与校企一体化的核心要素，“政产学研市”分别代表着政府机构、行业企业、高等院校、科研机构和市场五个主体。这五个主体的系统创新合作，代表

着技术创新上、中、下游及创新环境与最终用户的对接与耦合过程，代表着从市场出发到最后回到市场的闭路循环。

1.“政”指政府机构

政府机构在地方职业教育中具有主导作用，如办学方向主导、政策主导、项目主导、资金主导等。政府机构主要是宏观引导，制定相关政策措施，引导各方资源、各方利益合理构架，实行市场化运作，使创新成果快速转化应用，实现经济价值。

2.“产”指行业企业

行业企业主要体现在全面参与学校教育过程的指导性，主要是指参与高等院校制定人才培养方案和规范标准等，发挥在校企合作中的牵线搭桥作用，推荐行业龙头企业与学校合作，提供行业最新资讯和合作项目等，指导校企合作。当然，企业也可充分利用自身面向市场经济的资源提供社会需求信息，结合科研机构和高校的研究成果进行企业创新和产品创新，寻找适合于企业发展的动力。

3.“学”指高等院校

高等院校不仅聚集着大量高级专业人才，而且作为社会人才的培养基地，在知识含量、技术提升、观念更新、信息传播等方面都具有独特的优势。学校主体必须体现育人服务和社会服务的主体性，即学校发挥自身优势，提供场地、设备和师资，吸引行业企业参与校企合作，促进合作培养高技能专门人才。

4.“研”指科研机构

科研机构集聚众多优质创新要素，在技术研发与转移、产业再造和制度创新等方面都发挥着重要作用。科研机构以其研究方向的专业性、研究技术的先进性及专业人才的集聚性等特点，借助社会、政府、企业所建立的平台与资源，推动企业以及行业的整体发展。科研机构的建设为五位一体的实施提供了保障。

5.“市”指市场

泛指社会需要，是“政产学研市”五个核心要素合作的统一，是五位一体合作的最终目的，也是创新的出发点和落脚点，是服务的起点和终端。当然，“政产学研市”五位一体也是市场的常见形态。市场在通过自身机制的调节提高用户在社会中的工作效率和生活质量的同时，也承担着评价与检验产教融合与校企一体化人才培养质量的职能。

（二）产教融合与校企一体化要素相互关系

“政产学研市”联动合作办学模式的特点是在推进校企合作中坚持政府引导、行业企业指导、院校主体、科研保障、市场运用，从而形成和谐的“生态圈五个主体相互支持、相互渗透、优势互补，通过利益互赢、责任共担、契约化管理等方式，通过构建“政产学研市”一体化联动机制，确保形成一体化的“教育服务利益联合体”，加速区域产业结构转型升级，促进社会创新和区域经济发展。这种教育服务利益共同体的“政产学研市”合作模式，克服了以往校企合作的表面化，在合作理念和运行方面找到共赢的结合点，真正体现了各个主体参与的人才培养的体制机制，有效提高高职院校的人才培养质量。

（三）产教融合与校企一体化教育流程

如何将政府要素、行业企业要素、院校要素、科研要素、市场要素融入中国特色的职业教育？从生态系统的视角来阐释产教融合与校企一体化的流程，教学性生产和生产性教学两个生态系统的连接成为校企合作的关键，彼此深度融合，其理念和思想富有创新性。

高职校企一体化教育流程的操作体系，将五大要素类归于两大生态系统，即学校教学性生产生态系统和企业生产性教学生态系统。在本流程教育性主导理念下的校企一体与一般校企结合的区别，就在于学校的专业实践教学，甚至校内的专业性实训教学也是在生产过程（或模拟性生产、拟景式实验）中完成的，使专业性与生产性紧密结合在一起。这种变革充分体现了课程范式项目化的特征，实现了专业教学实践与专业生产实践的链接，本流程称之为教学性生产生态系统。另外，本流程下，企业的生产因学校服务的介入和企业自觉分担育人职责的履行，企业的生产性与学生学习性生产在内容和形式上达到了高度统一，使生产职能赋增了教育性，在同样的产品中注入了不同的内涵，形成了生产性教学的新模式，这是与一般企业生产的重要区别，本流程称之为生产性教学生态系统。

校企一体化的教学与生产两个生态系统的次系统是呈链状结构，而且两者间的连接点相互联系和相互作用。首先，校企一体化的基础平台是学校和企业，联系的特征是教学性生产和生产性教学。在各自体系的构成上次生链有明显的差异，如生产性教学是融通于企业生产系统之中，而绝不是取代或改变企业的生产性质。因此，企业的生产是特定的、具体的，由此分化出众多的行业或企业，构成同类或他类的产业集群和产业链。确定了产业后，随着产品生产环节的分类，需要进而对主要技术进行分解，生产的统一性促成了相关技术的统一性，即分中有合，合中有分，生产技术链形成。技术表现的主体是相关的专业人才，这是企业生产生态中不可缺失的因素，以生产产品技术需求配置专业技术人才，人才链由此生成。同理，学校教学系统对应于企业生产链，内在的次生链也可分为专业链、课业链、能力链等节点，这也是由学校教育的规律所决定的。学校专业人才培养目标的实现，首先需要专业及专业群来分担；当专业确定后，体现专业之不同或执行专业计划最重要的载体是课业，它包括大量的学科群和活动网；职业教育课业教学的落脚点是准职业人才的培养，而专业实践教学的重点是职业能力的培养。可见，学校教育与企业生产的运行规则各有侧重，甚至存在着根本性的区别，对此在研究校企一体化关系中绝不能回避。其次，校企一体化教育流程的机制建立，就是在不同连接点上找到相通联动的内因和接纳的因子。

第二节　产教融合与校企一体化的路径

在《高职院校一体化教育流程的研究与实践》中指出，校企一体化流程可从“三力”“五共”“四化”“四度”的路径进行分析。从现代职业教育体系发展，以及产教融合与校企一体化的核心要素分析来看，产教融合与校企一体化的路径可以在此基础上进行修正。一体化内聚力可以增加政府引导力、市场吸引力变成“五力”；一体化目标可以调整为专业设置与产业需求对接、课程内容与职业标准对接、教学过程与生产过程对接、毕业证书与职业资格证书对接、职业教育与终身学习对接等五个对接；在一体化目标之后增加一体化平台构建，平台构建必须具备协同育人功能、协同创新功能、创业教育功能、产业调研功能和成果转化功能；一体化课程与教学在原有课程范式项目化、课程组织多样化、课程实践生产化、课程成果产品化的基础上增加课程改革同步化；一体化评价在学生满意度、企业满意度、学校满意度、社会满意度基础上增加政府满意度；在一体化评价后增加一体化保障，主要为动力机制、组织机制、制度驱动机制、运行机制、利益分享机制等五个机制，从而形成产教融合与校企一体化路径的“六五法”。当然，从这个“六五法”的路径中不难看到，产教融合与校企一体化的主线仍然是教育性，在此基础上，再从政、产、学、研、市五个要素的利益契约合作关系中，体现出相互的包容、优势的互补、利益的互惠。

一、一体化内聚力形成

产教融合与校企一体化的内聚力共有“五力”，包括企业教育力、学校服务力、学生发展力、政府引导力、市场吸引力，这是实现产教融合的前提条件。

（一）企业教育力

产教融合与校企一体化，必须考虑合作企业的教育力，企业生产规模、生产效益要兼顾，但更重要的是要考察合作企业所具备的承担学生培养、学生生产实训中的技术技能指导的实力。

（二）学校服务力

学校自身也要根据师资、专业结构、学科技术和技能优势、科研能力等衡量与企业合作中能给予企业的服务力。

（三）学校发展力

更重要也是最根本的还要考虑学生的发展力，学生的专业性和专业能力培养是校企一体交汇的出发点和目的。

（四）政府引导力

政府对于学校、企业的引导力也是必需的，良好的政策、项目、资金支持，会营造优质的产教融合环境。

（五）市场吸引力

市场吸引力则为产教融合与校企一体化提供了要素资源重新配置的空间。

二、一体化目标要求

产教深度融合的基本内涵是产教一体、校企互动。产教融合与校企一体化的基本目标是实现“五个对接”。

（一）专业设置与产业需求对接

健全专业随产业发展动态调整的机制，优化专业设置，重点提升区域产业发展急需的技术技能人才培养能力。

（二）课程内容与职业标准对接

建立产业技术进步驱动课程改革机制，推动教学内容改革，按照科技发展水平和职业资格标准设计课程结构和内容。

（三）教学过程与生产过程对接

建立技术技能人才培养体系，打破传统学科体系的束缚，按照生产工作逻辑重新编排设计课程序列，同步深化文化、技术和技能学习与训练。

（四）毕业证书与职业资格证书对接

完善职业资格证书与学历证书的“双证融通”制度，将职业资格标准和行业技术规范纳入课程体系，使职业院校合格毕业生在获得学历证书的同时取得相应的职业资格证书。

（五）职业教育与终身学习对接

增强职业教育体系的开放性和多样性，使劳动者能够在职业发展的不同阶段通过多种选择、多种方式灵活接受职业教育和培训，满足学习者为职业发展而学习的多样化需求。

三、一体化平台构建

产教融合与校企一体化必须把握“服务”与“培养”之间的平衡，因此在构建一体化平台的时候必须强调协同育人、协同创新、创业教育、产业调研以及成果转化等核心功能。

（一）协同育人

产教融合与校企一体化的主要目的和中心任务应聚焦于培养人才，因此，育人是产教融合与校企一体化的核心。产教融合与校企一体化是一种开放跨界的教育运行体系，其独特文化体现在跨越院校、政府、行业企业、科研机构等不同领域的联动上。通过多方协同联动，以“政产学研市”立体协同推进为实施手段，变革高职人才培养模式，强调职业素养，把人才培养置于多方参与的开放系统中，贯穿于教学、生产实践、创新研发和应用服务的全过程，才能适应经济发展方式转变对人才培养的新要求，实现高职教育的教育自觉。

（二）协同创新

产教融合与校企一体化就是一种新型协同创新模式，这种模式更强调的是不同层面的各要素群体相互合作与创新。这种协同创新主要是通过对各参与主体资源的优化配置，实现整个体系创新的高效性；通过各参与主体彼此间的实时交流，从而更容易获得人才、资金、技术、信息等资源；通过各主体之间利用共享平台可以相互学习交叉知识、共同享用研发成果，进而提高参与主体的技能和核心创新力；通过信息的双向传递，促进各参与主体间长久的交流互动和密切合作，从而推动整个体系持续创新。

（三）创业教育

产教融合与校企一体化平台本质上就是一个创业创新的有效载体。鼓励并引导学生、教师参与创业创新实践，并将创业与专业、与科技、与区域产业、与政府导向相结合，提升师生的创业知识和经验、创业意识、创业能力、科技知识和创新能力、创业成效也是产教融合与校企一体化平台的一项很重要的功能。通过这个载体，形成完整的创业实践教育体系。当然，学院也要与当地政府、行业协会、企业、新闻媒体及时沟通，整合各种社会资源为创业教育服务，推动大学生创新创业的社会环境建设。

（四）产业调研

产教融合与校企一体化平台融合了大量的企业和相关行业，利用“政产学研市”的联动机制，可以深入了解整个行业和主要企业发展的现状、问题及发展趋势，从而为政府、行业、企业提供咨询建议，为高校提供人力需求报告，为科研机构提供产业需求的一手资料。

（五）成果转化

长期以来，“政产学研市”合作组织形式级别较低，合作机制不完善，成果转化率低等问题突出，校企之间无法真正实现协调发展。原因在于成果转化、技术转移是在特定组织制度环境下，通过一定的方式或通道，使得技术知识或技术成果在不同利益主体之间传递，如果只有企业和大学两个轮子，是无法有效“驱动”区域创新经济发展的，而必须依靠“政产学研市”的一体化提供技术转移、成果转化的土壤。

四、一体化课程与教学

合作目标确定以及平台建成后，如何按照产业发展水平和职业资格标准设计课程结构和内容，如何通过用人单位直接参与课程设计、评价和国际先进课程的引进，提高职业教育对技术进步的反应速度就变得非常关键了。

（一）课程范式项目化

课程范式项目化，强调实践课程要将专业性融入相关的专业生产项目之中，以专业生产过程的关键知识、核心能力安排实践课程。

（二）课程组织多样化

课程组织多样化，强调实践教学并不排斥传统的课堂教学、模拟性的实训教学等，倡导课程组织的灵活性、多样性。

（三）课程实践生产化

课程实践生产化，强调专业的实践课程要突出专业生产的知识特性和技术特性，尤其在真实的生产过程和生产环境中培养学生的专业技术及应用能力，是最关键的要求。

（四）课程成果产品化

课程成果产品化，是校企一体化实践教学绩效评价的特殊要求。因学习是真实产品生产中的学习，实践性产品的质量将是评价学生学习态度和知识应用及迁移能力的重要指标评价参照体。

（五）课程改革同步化

课程改革同步化，就是如何根据产业技术的变化驱动课程改革，使职业院校按照真实环境真学真做掌握真本领的要求开展教学活动，使职业院校按照企业真实的技术和装备水平设计理论、技术和实训课程推动教学内容改革，使职业院校依据生产服务的真实业务流程设计教学空间和课程模块推动教学流程改革，使职业院校通过真实案例、真实项目激发学习者的学习兴趣、探究兴趣和职业兴趣推动教学方法改革。

五、一体化质量评价

产教融合与校企一体化的质量评价指标主要依据学习主体、合作主体间的“满意”程度进行。这种一体化质量评价主体建议从学生满意度、企业满意度、学校满意度、社会满意度、政府满意度五个维度进行。学生满意度是最核心的标准，是整个路径操盘的重中之重。路径也考虑到产教融合与校企一体化的多面性，提出了校企合作双方的满意度评估。高职院校同样肩负着重要的公益服务的社会职能，校企一体化的效应不仅作用于相关联合体之间，也不可避免地会产生社会辐射及先导作用，放大高职社会公益服务功能，让更多的行业企业同享高校的优质资源，这是社会满意度的意义所指。作为政府提供教育服务公共产品的主要力量，政府作为主办方和投资者，政府满意度可以作为评价产教融合与校企一体化的办学方向与成效。

产教融合与校企一体化质量评价实施可以分为职业院校和生产企业的内部评价和行业组织第三方质量评价两个层面进行。产教深度融合与校企一体化质量内部评价内容重点考察产教深度融合的组织与领导、职责履行、人才培养方案、基地建设、毕业生社会声誉、教师成果转化等；生产企业产教深度融合质量内部评价主要考察技术培训、订单完成、新产品开发、新技术引进等。行业组织第三方质量评价重点对产教融合是否符合行业产业发展等进行检查和评价，并及时反馈和修正。同时，通过制定具体标准，开展产教深度融合督导检查，合理设计各种奖惩措施，以调动产教融合各方的积极性。

六、一体化保障机制

如何保证产教融合与校企一体化目标的实现，如何保证产教融合与校企一体化的自我运行与调节，需要一系列的机制作为保障。法律作为一种强制性的社会规范，对产教深度融合具有直接的促进和保护作用，对产教融合与校企一体化的环境条件（经济、政治、科技、思想文化等）也有直接的调整作用，但是我国现行法律规定中至今尚没有一部关于校企合作的专门法律。在法律缺失的背景下，政、产、学、研、市五大主体可以从动力机制、组织机制、制度驱动机制、运行机制、利益分享机制等方面保障产教融合与校企一体化的有序运行，推动产教融合与校企一体化迈向更深层次和更高水平。

（一）动力机制

产教融合与校企一体化产生的动力机制是指合作主体多方要素之间相互作用、相互联系、相互制约的形式和作用方式。合作动力的产生主要由于利益驱动、优势互补、政策推进和发展需求等因素综合作用，激励院校：行业企业、科研机构在政府的影响下和市场的需求下产生合作意愿，提高合作兴趣，巩固合作发展的有关政策、制度和运作方式。进行合作创新的主要动因有三点：一是合作创新能够节省知识转移或技术交换的成本；二是当前的高新技术创新常常依赖于多个科学技术领域的合作才能完成，然而很少有某一创新主体具有足够广泛的知识；三是由于参与合作的各主体之间核心能力的广度和多样性，因此在各主体核心能力基础上合作产生新的核心能力是各主体参与合作创新的一个主要动机。

由于产教融合与校企一体化的各类主体分属于不同系统的子系统，因此会受到多方面因素的影响和作用。企业参与产教融合与校企一体化最直接的动力是市场需求的驱动。通过信息反馈或市场预测发现某产品有明显的或潜在的需求，进入该产品市场会增强企业竞争力，而企业又不能独立完成该产品研发时，该市场需求就会成为企业寻求合作的巨大驱动力量。院校是人才和科技成果的摇篮。随着企业对高端技术技能型人才的需求，而单独依靠企业自身又不能培养出合格人才的时候，企业就会对产教融合表现出浓厚的兴趣。不仅如此，社会对科学技术社会功能认识的不断深化，对技术功利性的追求随之产生，从而引起人们试图开发利用这种实用价值或效用的强烈愿望，并在不断寻求潜在的市场机会。这一需求一旦得到确认，其自身能力难以完成科技成果的转化目标，便产生合作愿望。当然，企业自身人才需求的水平、科技意识和技术条件，以及对间接利益最大化的追求也影响着企业参与产教融合与校企一体化的意愿。科研机构参与产教融合与校企一体化的动力是除了想获得经济利益以外，还要实现其研究开发活动的社会价值，提高自己的学术水平和社会地位，并使自己的研究活动在一定的社会经济条件下进入良性循环。行业协会作为企业的娘家，参与产教融合与校企一体化的动力主要是推动本行业良性发展。政府和院校为社会最大限度地提供人才公共产品的服务是其职能所在。

（二）组织机制

明确的组织机制是产教融合与校企一体化的基础，是形成自我约束、自我规范的内部管理体制和监督制约机制的保障。政府应设立校企合作的组织管理协调机构，加强对产教融合与校企一体化工作的领导，把产教融合与校企一体化工作作为一项重要内容纳入各级领导任期目标责任制的考核,加强对产教融合与校企一体化工作的指导、协调、监督和服务，保障产教融合与校企一体化工作顺利开展。高职院校也应成立产教融合与校企一体化组织管理机构，建立健全校企合作规划、合作治理、合作培养机制，使人才培养融入企业生产服务流程和价值创造过程。高职院校和合作企业要不断完善知识共享、课程更新、订单培养、顶岗实习、生产实训、交流任职、员工培训、协同创新、绩效评价等制度。推动学校把实训实习基地建在企业，企业把人才培养和培训基地建在学校。探索引校进厂、引厂进校、前店后校等产教融合与校企一体化的多种合作形式。高职院校在校级层面指导和管理各专业与企业的合作，统一协调解决合作过程中遇到的问题。

（三）政策驱动机制

政策驱动机制主要是指各级政府主管部门制定出台的相关政策措施。政策体系的建立是产教融合与校企一体化良性发展的前提，也是其赖以生存和发展的基础。目前我国产教融合与校企一体化体制存在着很多不利因素，企业参与校企合作的积极性不高、动力不足。要改变参与校企一体化进程中学校“一边热”的不利局面，政府应不断建立完善政策驱动机制，制定出台产业政策、税收政策、金融政策、就业政策、激励政策等相关政策。通过政策的制定，理顺政府与校企一体化进程中其他各主体之间的关系，制定具有前瞻性、战略性及科学性的政策体系，使我国的产教融合与校企一体化尽快步入科学化的发展轨道。例如，在技术积累创新方面，政府可制定多方参与的支持政策，推动政府、学校、行业、企业的联动，建立重点产业技术积累创新联合体，促进技术技能的积累和创新。在关系国家竞争力的重要产业部门，规划建立一批企业和职业院校紧密合作的技术技能积累创新平台，促进新技术、新材料、新工艺、新装备的应用，加快先进技术转化和产业转型升级步伐。推动企业将职业院校纳入技术创新体系，强化协同创新，促进劳动者素质与技术创新、技术引进、技术改造同步提高，实现新技术产业化与新技术应用人才储备同步。推动职业院校和职业教育集团通过多层次人才培养体系和技术推广体系，主动参与企业技术创新，积极推动技术成果扩散，为科技型小微企业创业提供人才、科技服务。

（四）运行机制

运行机制是保证“政产学研市”一体化正常运行的制度保障，主要包括协议机制、沟通反馈机制、行业定期指导机制、监管机制、风险管理机制等内部长效运行体系。协议机制主要指在尊重市场决定性资源配置的前提下，政产学研中所有与院校合作的单位必须签订合作办学协议，明确院校、行业企业、科研机构、政府四方的责、权、利，规范合作办学行为。沟通与反馈机制主要指定期召开主体成员全体会议、政产学研工作会议、校企合作工作会议、实训课程开发会议、师生会议等，撰写工作通讯、工作简报及工作经验等，确保合作过程中的“校中厂”“厂中校”“生产性实训项目”“双师工作站”“校企合作管理信息平台”等正常运行。行业定期指导机制主要指邀请行业协会专家定期对行业、企业的发展做面对面的指导交流，提供整个行业发展的最新信息以及相关企业的优秀经验，同时对相关项目的开展提供咨询。监管机制是指及时跟踪项目的执行和落实情况，应对处理“校中厂”和“厂中校”运行资金投入、双师工作站人员工作岗位安排、课程教学质量等重大问题，执行奖罚措施，促进校企合作的利益共享。校企双方定期对运行情况进行检查，促进高质量地完成项目任务。风险管理机制重点针对实习学生的人身安全风险，“校中厂”和“厂中校”运行的市场风险，企业因派遣指导教师带来的生产损失风险、因学生技术不熟练损坏设备或影响生产等风险，建立工伤保险制度和物耗能耗补贴，确保“校中厂”和“厂中校”安全运转。

（五）利益共享机制

从微观层面看，在产教深度融合过程中，学生既是求学者，又是工人、生产性实训的主体、推销员、营销师、经理，学习有目标，学费有资助，毕业可就业，就业能对口；教师既是骨干教师、课程建设负责人、系主任、专业建设带头人，又是工程师、技术研发骨干、车间主任、项目经理：企业副总；学校领导既是学校管理者，又是企业顾问、董事会成员；学校既是独立的教学单位，又是教育集团一分子。

企业生产车间是学校项目教学的教室；企业工作任务（生产、科研、培训、鉴定和社会服务）是学校项目教学的内容；企业生产设备设施是学校项目教学的实训设备；学生生产的企业产品是学校项目教学的作业；企业和院校用科研支撑教学，在育人的同时创造财富；企业管理是院校教学管理的一部分；职业院校教师和学生拥有知识产权的技术开发、产品设计等成果，可依法依规在企业作价入股。

政府、相关行业协会是产教融合与校企一体化的引导者、组织者、服务者、氛围营造者、政策提供者、资金支持者，也是产教融合与校企一体化过程的受益者。政府、行业协会通过这个过程深度了解产业发展的现状、存在的问题，同时得到高校、企业给予政府、行业协会关于产业发展的建议、对策以及获得区域经济发展需要的人才。当然，政府、行业协会也可通过购买服务的方式共享高校及企业的高端知识要素、人力要素、技术创新要素等，与高校、企业进行合作，获得政府、行业协会所需要的专项成果。

第三节　产教融合与校企一体化的模式形态

产教融合与校企一体化是一种主体多元、价值诉求多向、关系交错复杂的合作形态，合作形式多样且机制灵活，不同历史阶段、不同地区、不同院校都努力探索适合自身的最佳产教合作模式。当然，随着市场环境的变化、相关主体意识观念的更新、资源整合的力度以及政策推进的深度，产教融合与校企一体化的模式形态也发生了变化。总体来讲主要包括以下几种模式形态。

一、大学科技园区模式

大学科技园是以研究型大学或大学群为依托，利用大学的智力、技术、实验设备、文化氛围等综合优势，通过包括风险投资在内的多元化投资渠道，在政府的政策引导和支持下，在大学附近区域建立的从事技术创新和企业孵化活动的高科技园。

大学科技园是政产学研合作的平台，在大学科技园的管理体制和运行机制的作用下，政产学研各方在园内实现协同创新。为了促进产学研各方在大学科技园中更好地合作，政府通过出台针对大学科技园的宏观指导政策和财税政策，扶持大学科技园的发展；依托大学为了促进大学同科技园的合作，通过出台灵活的聘任、考评制度，鼓励大学师生入园工作。在政府和依托大学的政策制度支持下，大学科技园通过制度创新，建立园区的管理体制和合作机制，为园内各方合作提供方便有效的制度保障。

在大学科技园的制度支撑下，政产学研各方采取多种模式进行合作，通过协同合作实现资源互补，促进技术创新。政府借助自己的信息资源优势，降低各方合作中的信息不对称，进而降低创新成本；依托大学和科研机构凭借自己拥有的大量高科技人才进行知识创新，并通过与企业合作完成知识溢出，为企业提供创新的智力资源，并在合作中提升自身的创新能力；企业通过向依托大学和科研机构的技术购买或技术转化，提升自己的创新能力，并借助自身的市场经验和资金优势，将依托大学和科研机构输出的创新资源进行产业化和市场化，最终实现技术创新。由此可以看出，大学科技园中的协同创新，是在政府、大学、科研院所和企业的系统配合下，政府和依托大学是大学科技园协同创新中制度创新的主体，依托大学和科研机构是大学科技园协同创新中知识创新的主体，企业是大学科技园协同创新中技术创新的主体。

二、职教集团型模式

所谓职业教育集团化就是将经济学领域中的“集团化”经营模式引入到职业教育领域中，是在市场经济推动下，在职业教育领域进行的符合职业教育办学规律的体制创新。其内涵是以职业教育为核心，在采取创建、联合、兼并、合资等方式的基础上联合其他职业教育主体，由职业教育院校、企业行业管理部门、中介机构、用人单位等共同组建职业教育集团。其目的在于联合企业、依托行业、在有关中介机构的指引下，强化职业院校与企业之间、职业院校之间的联系，有效地整合教育资源和经济资源，从而实现资源共享。

职业教育集团发展将有效调整职业教育办学结构，进一步丰富、整合职教资源，减少重复建设，不断提高人才培养水平，使职业教育更好地服务地方经济，实现职业教育规模化、市场化、集约化是一条重要途径。在职业教育集团内部，招生即招工，招工即招生，进入职业院校岗前培训，或半工半读修满学分后颁发毕业证书。职业院校的学历生也可转入“双制班”，根据企业订单要求，灵活安排学习和实习、实践、生产，做中学，学中做，毕业即在职教集团内部就业。

然而，在职教集团发展过程中也存在着实际办学效果欠佳，各成员单位参与集团办学的积极性不高，职教集团的各成员单位及利益相关者的诉求难以得到满足，部分地区职教集团成为政府和学校的政绩工程等现象，因此要通过政府引导、明确集团定位、健全机制、打造品牌等措施提升职业教育集团化办学水平，达到资源整合与共享的目的。

三、校中厂和厂中校模式

“校中厂”就是学校将企业的生产设备、技术人员等资源引入学校，与学校设备、资源进行整合，按照企业要求组织生产和科研，按学校要求开展教学，是一种集教学、生产、科研于一体的校内合作办学模式。校中厂主要是由学校主导的。这种学校主导型的校中厂办学模式是由于高职院校的生产性实训基地能够产生最终产品，可以通过商品化带来一定的经济效益，所以很多基地的性质延伸为校办企业。校办企业既承担着创收任务和市场风险，又承担着一定的教学实习任务和培养责任，集教学、科研、生产、培训多种功能于一体。对于人才培养来说，基地成为社会经营性企业的缩影，让学生能够依托于自己的专业，通过参与生产经营，实现职业人的转化。该模式强调人才培养的系统性、人才培养路径和高职教育规律，具有较浓厚的学习氛围，师生关系更加融洽，有利于学生的全面发展和可持续发展。但是该模式创设的人才培养环境比较单纯，对人才培养的成本问题考虑得不多，学生更多地按照学校设计的企业岗位角色参与式学习，缺乏真实的企业社会环境和内部管理制度，岗位适应能力提升较慢。该模式中企业置于学校的管理之下，企业的经营营利性质与学校的公共服务性质往往容易发生冲突，或者会由于存在企业经营问题导致学校管理出现困难。

“厂中校”就是由合作企业提供实习场地和学生宿舍等教学生活设施，学校提供必要的实训设备和人力资源，共享双方先进设备、前沿技术等优质资源，以提高校外实训实习效果和企业生产经济效率为目标的一种合作模式。厂中校一般是企业主导的。这种企业主导型厂中校办学模式中的高职院校具有企业办学的传统，即企业就是高职院校的主办方，高职院校为企业的一个附属部门。企业主导型模式的特点是效益成本观念明确，突出企业价值观、企业文化，强调职业性和企业团队精神。这种模式有利于集约化人才培养，充分发挥企业的经营管理理念。企业的价值观直接作用于学生培养过程，潜移默化到具体的实践技能锻炼和团队协作中，学生的成长严格按照企业的职业岗位能力需求推进，充分体现了工学结合的高职教育思想。明确的企业人身份定位能够使学生尽快适应岗位能力要求，减少了企业对毕业生二次人力资源开发的投入和成本。但是企业的效益会直接影响到人才培养模式的实施和教育投入。企业文化在一定程度上则会影响到学生接受教育的高等性，从而制约学生的可持续发展能力。

四、校企合作发展联盟

如何基于企业和学校两类不同社会组织的管理体制和运行机制差异，撬动政府出政策、行业出标准、企业出资源，校企联动系统培养高素质高技能人才，校企合作发展联盟就是有力的实践证明。从理论角度，同质组织间的竞争会大于合作，资源的使用效益会降低。由一所高职院校牵头，组建校企合作联盟，将资源依赖与互补结合起来运用，在合作过程中动态优化选择合作企业和合作项目，会提高资源配置效率。校企合作发展联盟就是全体成员组成理事会，各理事单位均为独立法人，在理事会内具有平等地位。理事会设立由理事长、常务副理事长、副理事长、秘书长、副秘书长组成的常务理事会，下设秘书处。联盟理事会制定理事会章程，规定理事会的职责、组织机构、理事的权利和义务、经费及资产管理办法、理事会终止办法等多项规章制度，有效保障校企合作联盟理事会机构的顺利运行。

第四节　产教融合与校企一体化的教学创新

一、产教融合与校企一体化的专业建设

专业是职业院校办学的核心，良好的专业结构在社会转型期将决定学院的生存和发展。专业是高职院校开展教学活动的基本单元和各项资源配置的平台，也是学院内涵建设和特色彰显的主要标志，更是开展人才培养模式改革的平台和载体，以专业建设为抓手，开展课程建设、师资队伍建设、实训基地建设及教学模式改革是高职院校的普遍共识。

校企一体化，这是高职教育，乃至整个职业教育共同关注、探索和研究的热点问题。职业教育的特殊性决定了校企一体办学的必然。表面看，由于职业院校办学的价值取向与企业生产的价值取向有明显区别，使校企一体化的结合存在“先天”的诸多排斥。其实不然，学校教育与企业生产仍然有相融互化的结合因子，关键在于要激活它们，通过机制构建维系、保障相互的利益。校企一体化教育流程的研究，试图从教育视角对高职与企业深度融合的体制机制进行研究，从而构建高职校企一体化教育流程的基本范式。

（一）高职校企一体化教育流程

职业教育的发展之路，必须推行校企合作、工学结合，强化人才培养模式的特色。高职校企一体化教育流程的概说，有必要分别对其中包含的三个分概念，即校企一体化、教育流程和高职校企一体化教育流程作分析说明。

1. 校企一体化

“一体化”在这里是指关系属性的形态。校企的本源体是分离的，是不同的主体，但内在的某些联系促成了相互的深度融合，称之“一体化”。依此释意，这里的“一体”是“化”的结果，是关系中的一体。就层次而论，校企一体化与校企合作比较，依存性更为紧密，是深度的结合。学校与企业本来是独立的两个主体，由于两者间存在着某些价值诉求共同和利益相关的诸多要素，使学校教育与企业生产相得益彰，真正体现出教学性生产与生产性教学的结合，这就是校企一体化的基本形态。另外，校企一体化与校企一体还有区别，之谓“化”，表明这种校企一体不仅是有形的一体，也更是合作体制机制契约下的一体。

2. 教育流程

教育流程的理论基础是一般流程规则的遵循和应用。客观世界的“因果”形态与主观辩证的“因果”形态有实然和应然的联系，这是任何“流程”的法则。教育流程所不同的是教育的特殊性和特定性。学校为了实现既定的人才培养目标，从专业设置、课程体系建构，师资配置、实践实训基地建设到教育教学过程的设计、实施，相关制度机制的保障，质量监控与评估的措施等，是一个完整的有机系统。简言之，校企一体化教育流程，就是企业全面参与学校的人才培养，校企共担育人之责的运作范式和规则。由于教育流程运行的焦点是人才培养质量，其特殊性表现在流程实施过程的多主体性，如学习主体、教育主体、企业主体、政府主体等，各主体的职能发挥和良性互动，都直接或间接地影响着教育流程的执行和效果。流程结果的评价也非线性评价，在多维评价框架内参照的评价标准、分值权重，都有较大的弹性空间。可见，教育流程不同于一般的生产流程、物质生态流程，其教育规律的遵循与教育理念、价值取向、人才观认知等因素相关，内涵和外延的关系复杂，多主体间的相对性变化大，从而使教育流程的制定和执行较为困难。

3. 高职校企一体化教育流程

这是一个组合概念，首先确定了流程的属性是高职教育流程系列；其次是针对校企两个不同主体间融通的一体化流程。由此，通俗地解说这个概念，就是指高职院校与相关企业基于高技能专门人才培养，实施教学性生产与生产性教学紧密结合，确保校企利益双赢的运行机制和方法。在这里需要特别说明的是，高职校企一体化教育流程只是高职教育流程中的一个层面，其重点是针对校企关系的合作；“流程”的关注点和切入点是教育主导，而非生产主导，这与“流程”确保利益双赢并不矛盾。

（二）高职校企一体化专业建设的基本范式

首先，校企一体化的基础平台是学校和企业，联系的特征是教学性生产和生产性教学：在各自体系的构成上次生链有明显的差异，如生产性教学是融通于企业生产系统之中，而绝不是取代或改变企业生产性质。因此，企业的生产是特定的、具体的，由此分化出众多的行业或企业，构成同类或他类的产业集群和产业链。确定了产业后，随着产品生产环节的分类，需要进而对主要技术进行分解，生产的统一性促成了相关技术的统一性，即分中有合，合中有分，生产技术链形成。技术表现的主体是相关的专业人才，这是企业生产生态中不可或缺的因素，以生产产品技术需求配置专业技术人才，人才链由此生成。同理，学校教学系统对应于企业生产链，内在的次生链也可分为专业链、课业链、能力链的节点，这是由学校教育的规律所决定的。学校专业人才培养目标的实现，首先需要专业及专业群来分担；当专业确定后，体现专业之不同或执行专业计划最重要的载体是课业，它包括大量的学科群和活动网；职业教育课业教学的落脚点是准职业人的培养，而专业实践教学的重点是职业能力的培养。可见，学校教育与企业生产的运行规则各有侧重，甚至存在着根本性的区别，对此在研究校企一体化关系中是不能回避的。

其次，校企一体化教育流程的机制建立，就是在不同连接点上找到相通联动的内因和接纳的因子。校企一体化中专业链与产业链、课业链与技术链、能力链与人才链就是“一体化”的连接点。开什么专业的重要依据是区域行业产业人才需求的动态和趋向；给学生教授什么样的专业知识，配置什么课业体系，则参照企业生产的核心技术及项目生产必备的理论基础知识；综合产业与技术对人才素质的要求，学校的教育教学活动进而强化学生的专业技能，提高学生的动手能力。

最后，高职校企一体化教育流程的目标是实现利益双赢。一方面，确保育人质量是流程构建的重要目的，同时也要为合作企业提供优质的服务，发挥高校人力、智力、技术、科研等优势，为合作企业排忧解难，获取更好的生产效益。另一方面，合作企业在确保计划生产和利润的同时，也应和学校共同担当育人的责任，为了技能型人才培养甚至不惜牺牲一些企业的利益。

二、基于校企一体化高职教育流程的实践探索

（一）转变理念，创新机制，破解职业教育难题

1. 教育服务理念，推动体制机制创新

以服务为宗旨，创建“政产学研市”的地方高校教育合力机制，破解高职教育发展的体制层面问题。在实践中学院逐步探索并形成了“五位一体”的体制架构，“五位”指政（政府）、产（行业企业）、学（学校）、研（科研院所）、市（市场或泛指社会）；

“一体”指各要素有机整合的“人才培养服务联合体”。其职能是政府主导、行业引导、学校主体、研究支撑、市场（社会）调节与检测。在具体的教学实践与改革中，政府主导的作用体现为地方发展战略规划对学校发展的影响和扶持；行业引导体现在对专业论证、课程设置、教学路径选择、质量考核制定等；学校主体是服务功能担当的主体，育人和文化科技服务并举并重；研究是服务的先行者，即包括教育研究和社会文化科技研究；市场及社会，这是服务的起点和终点。实践证明，学院以服务产业转型升级为切入点，形成以与政府、行业、企业合作，集人才培养、社会服务为一体的办学新模式，使高校成为政府、企业之外的助推地方产业转型升级的第三种力量。同时，也从机制上促进学校与行业办学的积极性，寻求内在的产学结合机制，整合各类社会资源，破解职业教育难题。

2. 教育服务理念，助推教育教学改革

传统的教学方式根本无法承载新型的高技能人才培养。教育服务理念的办学是开放型的办学，育人平台的开放性，为产业与专业、技术与课程、人才与能力的“链接”提供了保障，将学校教学系统与企业生产流程结合，通过专业链、课业链、能力链的节点解决校企合作的难题。实现了“车间即教室，师傅即教师，工人即学生”。从专业调整、课程重组、教学更新的方方面面，开展系统化的教育教学改革。

3. 构建“三三制”人才培养模式

依托校企一体化的办学平台，几年来，学院逐步形成了高技能人才培养的“三三制”人才培养模式。这一培养模式的内涵是三种模式、三种能力、三个证书，具体地讲就是以提高高技能人才培养质量为目标，通过校企一体的办学模式、产教一体的教学模式和学做一体的学习模式，着力培养学生的专业核心能力、岗位迁移能力和可持续发展能力，最后使学生获得毕业证书、职业资格证书和顶岗工作经历证书。

（二）基于校企一体专业建设的质量保障体系

经过连续几年的快速扩张之后，我国高等职业教育已从量的扩张逐步转移到质的提高的轨道上来。近年来，我国高等教育的教学质量成为人们关注的焦点。学院以校企一体、产教融合的专业建设为轴线，以产业链与专业链的对接为节点，围绕教学质量保证与评价展开更高水平与更深层次的探索和改革。

与一般专业建设质量保障体系不同，校企一体化专业建设必须考虑合作多方的责任共担、利益共赢，并依此确定各自评价的关键要素。形成由决策指挥系统、管理执行系统、监督评估系统、教学资源保障系统、教学信息反馈系统和宣传激励与教学仲裁系统等七大系统组成，以六位一体专业导学群为架构的专业建设质量保障体系，其中，每一子系统都由学校、企业、学生、学生家长等多主体成员组成，各子系统分工明确，协同配合。

1. 质量保障体系构建原则

（1）目的性。

制定专业质量保障体系深入落实以生为本的育人理念，以提高人才培养质量、服务学生成长为主要目的。具体讲，就是专业建设中专业的定位、培养层次、课程体系及教学内容必须与学院定位相一致，与社会需求相匹配，与行业发展相兼顾。所以，构建专业建设质量保障体系时就要检验专业建设是否能达到预期的目标，与传统专业建设不同的是，还要检验是否实现了校企双赢，以保障合作的长效性和专业内涵建设的持续性。

（2）可操作性。

构建专业建设质量保障体系的目的是监督和保障专业建设，使之能按照一定的流程和操作规范执行，以保证校企合作多方开展教学性生产和生产性教学。因此，在构建专业建设质量保障体系时一定要保持与实际的建设过程一致，以便运行。

（3）监督性。

从高校专业建设质量保障体系现状看，由于缺乏监督性，保障体系落实不够，效果不好。所以，形成全方位的闭环保障系统，在运行的同时加以纠偏很重要。

（4）稳定性。

专业建设质量是一项长期的系统工程，需要校企一体的专业建设多方长期贯彻质量方针，切实做好各项工作。这就要求专业建设质量保障体系中的指标及内涵在一定时间内保持不变。

2. 基于专业导学群的六位一体专业建设保障体系构建

坚持以生为本的理念，学院构建了基于专业“导学群”的专业建设质量保障体系，同时配合以一年一度的学院专业评估，加强专业建设质量保障。

（1）“导学群”教学服务体系的提出。

学习对象本身特性决定需要提供全方位的教学服务。高职学生本身自主学习、自我管理能力相对薄弱；特别是在互联网技术飞速发展的今天，各类网络诱惑越来越多；近年来，从学生座谈会及调研可见，学生在“希望的学习之帮助需求”中，绝大多数内容属于课程学习以外的需求。

从用人需求上，需要为学生提供全方位的学习服务。在以创新为主题的当今，培养跨专业复合型人才，以及学生的创新思维、创新意识和创新能力将是教学改革的关键。为此，要更加重视学生第二课堂及课外拓展的指导与帮扶。

从教学管理上，需要为学生提供全方位的指导服务。增加学生学习的自主权是“省教育厅课堂教学创新行动计划”的重点之一，自主权包括为学生提供自主选择专业机会，增加学生自主选择课程、自主选择老师的比例。这些选择需要为学生提供良好的指导服务。

现代教育理念的落实，需要为学生提供全方位的“导学”服务。教育的核心是教学，现代教学要体现以学生为主体、教师为主导的理念，在加强课堂教学管理指导的同时，不能忽略信息社会的特点，因其学习资源种类繁多、途径繁多，如何选择学习资源，如何应用网络技术，也必须由专业化的队伍指导。所以，在网络环境下，“教”与“导”的分工越来越明晰，“教”应该更侧重众多资源的输送，“导”应该是服务主体围绕教学资源全面落实而采取的诸多服务方法和手段的总和。

如何更好地做好学生服务，特别是课外学习、个性张扬等方面的服务，如何充分利用互联网的平台优势，在学生指导与服务方面实现全方位、多途径、线上线下互动、实时与非实时结合，应该是未来课堂教学创新行动计划落实效果的关键因素。

（2）“导学群”的组成。

横向是专业（群）制，开展专业内部服务，一个专业一个群。

纵向是层级制，分为学院级、分院级、专业级；每一层级的职能各不相同，但均围绕导学活动开展服务，一层服务一层，一层带动一层。

六位一体的组织。每个专业的导学群采取组长负责制，组长为专业带头人，成员包括专业教师、辅导员（或班主任）、教学管理员（或教学助理、秘书）、教学资源（含技术）服务员（一般由专业教师兼任）及教学对象，负责为学生拓展学习收集或整合学习资源。六位一体职能互补、分工协作，整体解决学生学习的全部需求。

（3）导学群的运行。

体现线上、线下结合的学院课堂教学改革创新的特点，导学群运行采取以下两种方式。

线下例会制教研活动。将每周两次教师坐班确定为专业导学群活动时间，开展线下实质性的集体活动。

线上虚拟导学活动。充分利用世界大学城教育云平台，建立专业导学群平台和课程导学群空间，专业导学群平台由本专业各课程导学群空间组成，根据专业问题或课程问题分别为学生提供服务。

专业导学群平台由专业负责人负责将所属课程、导学群成员、本专业学生整合在一起，并负责开展导学活动；六位一体的成员各司其职，切实解决本专业学生自主学习、素质拓展、职业规划等所需。

课程导学群空间由课程负责人负责将与本课程相关的成员及学生组织起来开展导学活动，切实解决本课程学习中学生所需。

三、产教融合与校企一体化的课程建设

在校企一体高职教育流程框架指导下，学院以工学结合为特征的高技能人才培养模式已逐步形成，学院发展方向、办学定位及办学特色已逐步明晰。高等职业教育是我国高等教育的另一类型教育，其最核心的宏观要素主要是社会、教育者与受教育者，而在微观层面，职业教育的关系则更集中地表现在行业、专业和学业（以下简称“三业”）三个方面。因此，高职教育的新一轮改革之攻坚，就是要建构科学合理、高效便捷的“三业”融通机制，以提高职业教育课程建设的水平。

（一）“三业”中的“链”机理

高等职业教育以培养高技能专门人才为己任，其专门人才的特定性是由社会具体行业的人才需要所决定的，而承载和实施人才培养的基地就是学校分门别类的专业。

行业、专业与学业，如果泛泛从社会角度看三者似有联系而又非必然联系，有联系是因为“业”者为共生之根，其共性有相通之源；非必然联系是因“三业”各有所指，界属别类，自成系统。但是，将“三业”植入高职教育范畴，“业”之根则成为“三业”激活维系的灵魂。

（二）“三业”融通的瓶颈与问题

目前，大学毕业生就业难与企业技能人才紧缺仍然是社会的普遍问题，究其原因，社会就业机制、学校育人质量、学生修业择业动机等都存在诸多问题。再从“三业”融通的视角分析，高职教育的许多瓶颈问题的成因更加清晰。

1. 瓶颈之一：用人与育人机制上的阻隔

社会（行业）的需求能否转变为学校办学、人才培养定向的实际行为，关键取决于良好机制的运行，主要是行业的用人机制与学校的育人机制要融通。现实中，行业用人方面尽管生产流程体制化、制度化，但对应的人才使用专业化意识和程度较低，特别是大量的中小企业、民营企业考虑到降低人力成本，技术岗位普工化现象尤为突出。

2. 瓶颈之二：价值取向的认同差异

企业出于生存和发展的需要，追求生产利润最大化多被视为“重中之重”，在近期利益与长期利益的关系上，缺乏长期战略发展规划，眼前利益至上现象较为普遍。

在这种价值取向下，企业对技术人才队伍的建设没有长远考虑，“唯生产”观念中技术人才梯队建设、员工专业化素质提升等往往被忽视。“人才是第一资源”的现代先进思想没有进企业、没有进企业管理者的头脑，主动承担技术人才培养的责任意识淡薄。

在高职院校层面，专业设置的价值取向又有另外反映。专业推出总要寻找与社会的切合点，要针对行业生产人才和技术需求的特定性确定专业或设定专业方向。但出于学校规模的发展，许多高职院校的专业设置和专业方向设定并没有认真开展社会调查和可行性论证，大多数是凭社会人才走向、热门专业、生源状况等来决定，权重取舍中学校的经济效益因素较大。

为什么而学和学什么？这是学业者十分关心的问题。尽管在“为什么而学”的选择上高职学生有多元的价值取向，但为就业、为创业而学者仍为主流。在“学什么”的问题上，学校虽然倡导个性化学习，而在既定的课程体系下学分是学业的“命根”，学生对规定内的课程不敢有半点懈怠，学校真正留给学生个性化学习的空间并不大。分析“为业”而学与专业化课程学习的关系，学生的价值取向其实发生了位移，他们绝大多数是为“学分”而学，认为争取优秀的学分与良好的就业是“直通”的。“为业”或“为分”虽一字之差，而影响却十分巨大，学生学习期间并不清楚“三业”融通存在的阻隔，很难认识到专业技能的修习要走出课堂、要走进行业企业的重要，当步入社会谋职之时才会慢慢体悟到“为分”而学的痛楚。

3. 瓶颈之三：“三业”融通生态链的条件缺失

高职教育最大的特征是紧贴社会经济发展的实际培养生产一线的人才。因此人才培养的环境和条件十分重要，如体制平台、师资、实训基地、质量管理等，直接关系着人才培养。但从“三业”融通的环境和条件看，以下问题需要引起关注。

首先是“行业”教育责任意识的缺失。目前我国行业非事业编制用人多为市场招聘制，再加生产智能化程度普遍较低，招聘工人较为容易。在这种状态下，许多行业认为使用技术人才是“天经地义”的事，而培养人才则是国家的、学校的事。另一方面，国家也缺少对行业（企业）技能人才培养的必要政策扶持，很多行业开始热情支持和参与技能人才的培养工作，如尽量为高职院校提供实习和实训基地。但行业生产性实训大多是商品化生产，学生实习产品的成本显著增大，这部分投入只能由行业或企业自己买单。按行业管理者的话说，这是他们为职业教育和技能人才培养尽义务的投资。可想而知，缺少政府体制机制性支持，任何一个行业都不可能坚持太久。

其次是“行业”缺少教学能力，工学结合的教学元素少。从教育教学角度认真考察被列入高职院校工学结合的企业，不难发现他们与高职院校的合作也力不从心，生产规模小无法接纳更多的实习学生，生产岗位和工艺与学生所需要实训课程的内容联系不紧密，师资上只有生产型技术工人，他们无法系统解说技术的理论成因，等等。

由于缺乏基本的教学条件和有效的教学实习指导，许多工学结合过程其实是“以工代学”，学生成了廉价劳动力。这种状态下的工学结合，学生消极、排斥心理也较突出。

再次是“专业”的培植缺少行业的土壤和企业元素，高职专业技能人才培养的设定与行业技能人才的实际需要分离。高职的专业建设除了校内的师资、教学设施等基本条件外，校外的见习和实习基地建设也是不可缺少的条件。因行业缺少参与技能人才培养的自觉性和主动性，也缺乏必要的承担教育教学能力，生产一线的行业信息、改革动态、科研新成果就无法及时吸收到专业人才培养中来，学校只能沿袭封闭办学、传统式培养的套式。

最后是“学业”等同于“学历”“学业”过程变为“学分”过程的嬗变，重知识学习能力轻职业操作能力仍是主要。按教育规律分析，技能型人才的特点是实际能力强，实践性教学是技能型人才培养的关键。而高职院校受实训条件限制，在课堂上讲技术、在作业本上做实验的专业教学仍不少。将高职学生按普通高校的专科生培养，学生没有更多的机会进行业体验职业，专业技术缺少实际训练，学生的职业综合素质和能力将直接受到影响，行业对高职毕业生的认同度也会大打折扣。日积月累，行业对学业的否定，势必加剧高职学生对口就业的难度。

（三）“三业”融通

影响“三业”融通既有机制上的因素又有观念上的问题，要推动高职教育新一轮的改革，绝不能回避这些问题。

分析高职“三业”内在联系的核心要素就会发现，“三业”之能构成一个关系体，是通过“高技能人才”为载体促成的。“专业”的育人，“学业”的成人，“行业”的用人，将学校与社会紧紧地联系在一起。按照相互关系及功能作用，高技能人才既是“三业”联系的载体，也是“三业”相互作用的结果。

高职教育基于高技能人才培养为中心的“三业”关系，表明高技能人才既是一种结果，也是一种过程。“三业”两两交互，彼此互为条件、相互依存、相互作用。如以“行业”为起点，顺应的层级关系表现为“专业”与“学业社会视角下行业生产需要什么样的技能人才、行业发展需要储备什么样的人才，决定着高职院校开设什么样的专业及专业方向，决定着具体的人才培养方向、规格及教育教学活动的组织。它们间的相关度、绩效率如何，总会通过核心层的高技能人才的质量认同得以反馈，它们相互应然。依此推论，无论是以“专业”或以“学业”为始点，这种关系依然明显。要维系图示机制的正常运行，关键还取决于“三业”各自职能的发挥及互相关系的协调。

“行业”重在“两转一推”。“行业”是高技能人才培养的始点和端点，要确保“三业”融通，行业的“两转一推”需要从机制上完善。“两转”是指行业唯利润生产观向以人才为核心的发展观转变，从被动使用人才向主动参与人才培养转变。行业需要进一步更新人才观念，树立科技是第一生产力，人才资源是第一资源的思想，从行业发展战略的高度建立和完善人才机制。行业应主动与学校“订制”人才，依据行业需要参与专业、课程的开发，主动承担专业实训实践教学任务，努力提高行业生产性教学的能力。“一推”就是以行业人才需求为把手，推动高职教育的转型和人才培养模式的改革。“行业”与“专业”“学业”的关系是通过“产业链”拓展并以专业人才培养及专业技术服务联姻的，因为“产业链”包容着基础产业环节、技术研发环节和市场拓展环节等三大环节，它促成行业内不同产业的企业之间的关联，真实反映各产业中企业之间的供给与需求关系，同时也为高职院校的专业体系建立及专业方向集群、学业课程体系的设置提供了重要依据。

“专业”要体现“三通一体”。“三业”融通的机制中“专业”也有特定的要求，具体表现为“三通一体“三通”主要指政通、业通、学通，“一体”就是指技能人才培养一体化。政府方面应当拟定必要的鼓励和支持行业（企业）承担技能人才培养责任的政策，针对职高学生专业实践生产成本增加的问题，可考虑对正式列入技能人才培养基地的行业在现行政策允许范围内在税收减免、土地使用费、培训经费等方面给予倾斜。究其意义，“政通”将有效规范和强力推动“三业”融通的高技能人才培养，使行业的教育义务和责任在多赢机制下得到激活和强化。在“政通”层面，学校虽然是“弱势”，但利用专业开发之机，向政府职能部门积极反映并尽量争取扶持政策也极为重要。“专业”是实现“行业”与“学业”相互融通的桥梁，对学校内部而言，“专业”对“学业”具有规定性和指令性，专业性质、教育层次、培养方向皆由此而定；而“学业”是“专业”的具体化，通过具体的课程内容承载专业的使命和专业培养的意志。可见，在“三业”的融通机制中，要实现“三业”融通和教育合力的增强，专业承载的目标性、中介性、协调性职能十分重要。“三通”是“三业”融通的条件和基础，“一体”是“三通”的反映和结果，它们间富有相承性，“链”接紧密，无论哪一环节出现障碍，必将影响高技能人才培养一体化的进程和质量。

“学业”要突出“三和一贯”。在“三业”融通中“学业”的“三和”是指与行业和融、与专业和达、与学生和乐，“一贯”是指技能人才培养目标与过程实施体系的一贯化。从理论上讲，学业的定向面向就业的行业、服从所学的专业是理所当然的事，但在高职现行教育中并不然。由于行业与学校缺乏机制性“深交”，专业设置虽然看着行业，也有较强的使学习者贴近行业的意愿，但学院化的专业设置和学业体系还是尴尬的“单相思”。要排除这种影响，学业要与行业和融，就是要立足行业发展之需和用人之求，修正课程和改良课程，改变传统的学习价值观念，注重专业技能知识和实际能力的学习；与专业和达，就是要善于将专业培养设定目标转化为学习者的学习目标，专业方向能被学习者自觉内化为个体的专业发展；与学生和乐，是因为学业的具体化是通过学习者得以表现，学生能正确处理好学业与学历的关系，在“学力”中自觉注重专业技术能力的品质和含量，真正能做到“心神合一”，这就是学业与学习者和乐的最高境界。

总之，与全国普通高等教育一样，在我国高职教育进入新一轮的改革时期，一些深层次矛盾和问题，特别是体制机制方面的矛盾和问题逐步显现。但日前在法国巴黎联合国教科文组织总部召开的世界高等教育大会认为，世界高等教育发展也存在七大新动力，其中科研、知识创造及共享合作机制就被列为第三大新动力。而学业链、专业链对接行业链，真正形成校企合作、互利互惠、人才互培、责任共担的“三业”融通机制,将是新一轮高职教育内涵发展和教育改革的攻坚。高职院校要实现可持续发展，必须以“三业”机制建设为抓手，融通“三业”链，提升教育价值链；要围绕技能人才培养的目标，在“三业”融通上寻找突破点，在“三业”对接上下功夫，在“三业”机制上创特色。

第四章　产教融合与校企合作的学徒制培养模式

第一节　学徒制人才培养模式下的校企职责

一、现代学徒制人才培养学校的职责分析

（一）合理设置专业，优化专业结构

职业院校适应现实需求、招收优质学生、提升就业质量的首要环节就是专业设置。合理设置专业，优化专业结构是职业教育适应经济新常态，主动服务社会，提升自身竞争力，完善人才培养工作的重要途径。与普通教育为培养学科相关人才而设置的学科专业分类不同，职业教育的专业设置是为满足从事相关职业所需掌握的技能培训需要而设置的，以行业企业的人才需求为导向，面向职业岗位和职业岗位群。在职业教育追求内涵发展、质量提升的今天，职业院校更应该以行业企业的人才需求来合理设置专业，优化专业结构。这就要求在进行专业设置之前需要深入行业企业进行人才市场调研，以了解最新的人才结构情况，并以此对未来一段时间内的人才结构情况和行业企业人才需求进行合理预测，结合不同学校的具体办学条件，拟定出不同的专业设置方案，并要遵循专业设置原则来优化专业结构、调整专业设置。

（二）制定具有长远性和前瞻性的人才培养目标

现代学徒制人才培养的基础性环节就是树立培养目标。然而现在相当大比重的职业院校将一般性的培养目标作为专业人才培养目标，没有为各个专业树立具体的培养目标。这说明部分职业院校对于专业与企业职业群的关系，对经济新常态背景下企业对高新技术技能型人才的需求都缺少必要的认识。

职业教育作为教育的重要组成部分，有着自己独特的教育模式和专业人才培养目标。其首要特点就是职业性，专业人才培养目标定位的内涵就是职业性。其次是社会性，

职业教育不仅包括在学校内的学生的职前教育,还包括了在工作中的员工的在职培训,所以,职业教育与社会就业关系紧密,人才培养目标的定位的价值取向就是社会学。最后是区域性,职业教育的人才培养目标要做到具体问题具体分析,要结合当地经济的发展现状,这也是其人才培养目标定位的地方特色。所以,在制定人才培养目标的时候,要考虑到知识技能的职业性,学生类别的社会性和地方发展的区域性,这样才能制定出既符合实际又有前瞻性的人才培养目标。校企共建师资队伍提升教学质量则需要进一步加强师资队伍建设,把尽快建设一支立志教学改革、专业技能优秀、高水平的专业教学队伍的工作放在首位。建立高校教师到企业学习及培训,企业工程技术人员到高校学习及进修等机制,定期对教师和管理人员进行考核、培训和交流,全面提升专业教学队伍的教学能力和水平。在不断完善教师队伍的同时,机械工程专业完善实验室及实训基地建设,建立稳定的大型企业实习基地,按照企业培养方案的要求,创新实践教学体系和教学模式,构建科学、优化、有效的实践教学体系,改革实践教学模式,通过参与企业技术创新和工程开发及参加创新实验,培养学生解决企业生产实际问题的能力及创新能力,使卓越工程师人才培养的效果与企业的需求相吻合。

从社会大环境来讲,新世纪出现社会信息化、经济全球化、政治多极化、科技高速发展的趋势,尤其在国际社会的竞争中,技术技能型人才占据了重要位置。所以,研究职业学校人才培养目标,要将目光放长远,关注国际和国内的社会经济发展、科学技术的变革以及产业结构的调整等方面内容;从现代职业岗位体系来讲,如今职业和岗位更迭频繁,个人可以灵活选择创业和择业,现代职业岗位体系在不停地完善,并有向高新技术靠拢的趋向。譬如,西方各国近几年有数个传统职业消失,但又增设了数个高新技术技能型职业。世界经济全球化也就意味着人际交流与合作相比以往会更加频繁,每个人不是独立的个体,个人的工作岗位不可能完全独立地进行,也不可能是单纯一个专业就能完成的,反而要处理许多非本专业的问题。所以,每个个体都要学会与自己不同专业的人沟通交流。上述发展趋势对职业教育的影响,集中体现在了社会对职业学校人才培养目标的要求和变化上,职业学校除了像普通教育一样设立培养人文素质的专业外,更要树立培养学生解决实际问题的技术技能应用型的专业、引导学生的个性化发展、培养其创新创业能力。只有这样才能培养出既有人文素养和创新创业能力,又有高新技术技能的高素质应用人才。

所以,学校制定人才培养目标应着眼于新兴产业的发展,预测未来产业动态。结合区域经济的发展,在产业转型升级的背景下,制定既符合实际又有前瞻性的培养目标。"要根据现代学徒制培养高素质技能人才的规律和特点,分析当前影响学生成才的因素,寻求企业职业岗位目标需求与学生发展之间的契合点"。这样制定出的培养目标才能体现企业对人才的选取诉求,促进学生积极参与的热情。在现代学徒制的培养方案制定中，要坚持发展性与针对性相协同的原则，促进学生在诸多方面的均衡进步与发展。要全面考虑到学生各方面素质的提高，譬如学生交流表达能力的形成、职业素养的积淀、实践操作技能的提升等等，促进学生全方位可持续发展。

（三）建立健全现代学徒制人才培养机制

1. 市场人才调研分析

（1）市场人才需求调研分析。

在社会主义市场经济背景下，职业院校进行人才培养不能闭门造车，要考虑到社会经济的变化，产业结构的变革和科学技术的进步，并随之不断调整现代学徒制实施的规模，而只有提前进行市场人才需求调研分析才能解决上述问题。虽然学校是现代学徒制人才培养的实施主体之一，但是学校拥有的社会资源有限，受到人力、物力、财力的限制。政府、企业和行业协会等相关组织应该竭尽所能为学校市场调研提供帮助和可靠数据。市场人才需求调研不但能准确反映行业企业人才需求变化，还能为学生顺利就业提供保障，树立良好的学校形象，为学校赢得声誉，更能防止教育资源的浪费。

（2）市场人才规格调研分析。

市场人才需求调研使学校了解行业企业对不同专业人才需求的数量变化，但仅仅止步于此，对于优化人才培养方式来说是远远不够的。学校还需继续调研分析行业企业对专业人才的需求能力有哪些，分为几个层次和具体需要什么规格的技术技能人才。譬如说对数控专业的人才做市场调研分析，只了解行业企业对人才的总体需求量是远远不够的，因为在实际市场需求中，数控机床的操作人员所占比例最大，达到了75%的比重，而数控的编程人员和加工设计人员仅占20%的比重，剩下的5%大多是数控管理人员。虽然，上述这些专业的人才同属于数控专业培养的技术技能人才，但是培养的人才规格和比例是不尽相同的。所以，职业院校在进行人才培养之前，还要进行市场人才规格调研分析，掌握行业企业对技术技能人才的需求规格和需求层次。

（3）人才培养调研分析。

职业院校要兼顾社会效益和经济效益，不能顾此失彼。因此，学校对不同专业的人才培养都要进行调研查证。人才培养调研分析不仅要注重专业设置的合理和专业结构的优化，还要注重经济效益。所以，人才培养调研分析应该建立在前两个环节的基础上，邀请专家组成员进行调研分析，以市场人才需求调研和市场人才规格调研的结果为重要依据，既要有定性分析，又要有在此基础之上的定量分析。这样才能同时兼顾经济效益，使学校长远发展下去。

2. 人才职业调研分析

（1）人才职业面向调研分析。

“职业面向指的是本专业毕业生的就业岗位群和职业生涯发展的方向”。分析建立培养目标的前提条件就是学生职业生涯发展方向和就业岗位群的确立。人才职业面向调研分析往往采用调查法，由于调查对象各不相同，所以对于职业生涯发展方向和就业岗位群的调查也不尽相同。就业岗位群的调查对象以近五年内毕业的学生为主；职业生涯发展方向的调查对象以参加工作十年及以上的学生为主，并邀请企业一线工作骨干、人力资源管理者和企业的高层管理者等各层次专家组成委员会，论证探索出所调研的毕业生可能就业的若干岗位和职业发展方向。

（2）人才职业活动调研分析。

在对上述调研结果进行分析汇总后,学校召开由各行业各企业专家组成的座谈会。他山之石，可以攻玉，采用比较研究法，根据调研结果，通过借鉴比较德国、英国、美国等国外不同的职业分析法，分析探索所研究专业的职业活动的具体情况。探索出适合我国国情的所研究专业的学生就业岗位群和发展趋势的人才职业活动范围，并归纳总结这些活动范围，构建出具有职业人才能力培养意义和岗位代表性的职业活动，绘制出所研究专业的人才职业活动调研分析表格。

二、现代学徒制人才培养企业的职责分析

在现代学徒制的人才培养模式下，校企双方共同育人，所培养的人才以技术技能型为主，较之研究型、理论型的人才，这类人才更易受到产业、行业、企业等市场因素影响。因此，现代学徒制的人才培养应该更有针对性和职业指向性，企业作为重要的育人主体，要以行业企业需求为导向开展人才培养活动。

（一）企业参与人才培养的招生招工和学生管理

企业作为教育双主体之一，需要承担起招生招工、确定学徒岗位的职责。前文已经提到相关文件指出“开展校企联合招生、联合培养的现代学徒制试点，推进校企一体化育人”。“联合招生”说明企业和学校要共同履行招生和管理的职责和义务。企业要以职业岗位需求为依据，即依据某个行业岗位或者一系列相关的职业岗位来进行人才招生工作，这才符合企业利益最大化原则。德国、英国等国家的现代学徒制中，承担招生招工职责的大多是企业。“联合培养”指的是企业和学校要共同对学生进行组织管理工作，包括学生的岗位确定、日常出勤、学习实习、成绩考核、工作安全等等都要由企业担负起相应的责任，将学徒作为企业的准员工，并提供学徒一定的福利

待遇和工作补贴。

（二）企业参与人才培养的专业设置和课程建设

不同于以往的校企合作，专业设置和课程建设不再只是职业院校的职责，企业也要参与到专业设置和课程建设中来。以行业企业需求为导向，即以地方和区域经济发展为基础，以面向行业和企业生产、服务与管理的第一线为依据进行人才培养，以产业结构变化和企业人才需求变化为参照，设置人才培养的课程框架。这样培养出的学徒才能顺应社会经济发展，反映行业企业需求。如果没有企业的总体掌控，就容易出现一些职业学校盲目追求经济效益，滥用手中办学自主权，抢办所谓的“热门”专业，造成各职业学校设置雷同专业，未能设置出符合本地区和企业的特色优势专业，浪费有限的教育资源，教育教学质量令人担忧。

专业设置和课程建设还要考虑到行业和企业的生产线的实际情况。由于企业生产第一线上的工作往往不是独立存在的，要运用多学科的知识技能才能完成任务。所以，专业设置和课程建设也要加强学科与生产线工作的内在联系，以复合与交叉学科为创新，设置复合型专业。如今随着知识经济的发展，综合化趋势在制造生产与科学技术中都不断增强，复合型人才的需求也逐步增加。所以，企业也应顺应时代趋势，在现代学徒制中加强与职业院校的沟通，培养出真正适应自己需求的人才。

（三）企业参与人才培养的教学组织和师资建设

首先，现代学徒制需要工学交替的教学过程，企业要积极参与到教学组织中来，利用自己在技术、设备、生产、经营等实践方面的优势，帮助职业院校实现内外教学实践资源的优化配置，建立校内外实习实训基地，保证工学交替的教学方法得以实现，强调实践教学。具体来说，在初期阶段，组织学徒到企业进行“识岗”活动；中期阶段，在企业进行“跟岗”工作；后期阶段，在企业进行“专业实习”和“顶岗实习”，企业要参与到教学组织的每个阶段中来。

其次，企业师傅是现代学徒制的教育实施主体之一，他们水平的高低决定着现代学徒制的成败。所以，企业需要从技术骨干和资深人士中挑选出能胜任现代学徒制教学工作的师傅。挑选到符合条件的企业师傅后，还要制定企业师傅考核管理条例，通过精神和物质上的奖励来激励师傅积极参与到人才培养中来。这些都是企业在现代学徒制人才培养中应该担负起来的职责。

第二节　学徒制人才培养模式下的课程建设与教学组织

一、现代学徒制人才培养模式下的课程建设

（一）现代学徒制人才培养课程建设的基本依据与原则

1．现代学徒制人才培养课程建设的基本依据

（1）我国职业教育人才培养目标。

《国务院关于加快发展现代职业教育的决定》中提出职业教育人才的培养目标是："坚持以立德树人为根本，以促进就业为导向，以服务发展为宗旨，适应生产方式变革以及社会公共服务的需要，培养数以亿计的高素质劳动者和技术技能人才。"《中共中央关于全面深化改革若干重大问题的决定》中提到："职业教育要加快现代职业教育体系建设，深化校企合作、产教融合，培养高素质劳动者和技能型人才"。职业教育在不同时间阶段有不同的人才培养目标，但是"岗位职业技能""专业技术知识"和"职业素养"作为其核心内容一直未变。

（2）国际普遍认可的人才培养标准。

西方各国职业教育人才培养标准虽然不尽相同，但是要求基本相似。譬如，开展现代学徒制收获良好效果的英国，其建立的国家技术标准体系非常完备。首先，学徒要通过学习专业理论知识和训练专业技术技能，达到专业技术的考核标准，与我国按照学分制的做法相似；其次，学徒在此之后要顺利通过职业资格考试，方可获得职业资格证书；再次，学徒在学习通识通学课程后，需要达到规定的通用能力标准，例如信息处理能力和学习能力等；最后，学徒要有相应的职业素养和道德修养，恪守国家相关法律规定，履行对企业应尽的义务，企业也要保障学徒应有的权益。我国是通过学徒与学校、学徒与企业之间签订现代学徒制人才培养协议的方式来保障企业和学徒双方权益的。因此，我国职业学校的人才培养目标与英国等西方国家现代学徒制人才培养标准具有一致性。

2．现代学徒制人才培养课程建设的基本原则

现代学徒制由于实现了校企双主体、双重环境育人，若是沿用以往校企合作的课程体系来培养学生是不合时宜的，要对课程，也就是学生学习的主要载体进行重建。当前的职业院校教学内容与课程体系设计没有摆脱普通教育教学设计的束缚，教师在

进行课程建设时，仍然将系统地传授知识作为建设主线，职业岗位任务技能不能很好地融入课程建设中来，只是强调了职业教育的“知识性”，却弱化了“职业性”。但是，只强调“职业性”而弱化“知识性”也是不可取的，如果只依据工作岗位任务要求来组织教学并传授课程内容，就会使学生所学内容缺乏以技能知识培养为主线的系统训练和学习，上述两种课程设计方式均不利于学生全面发展，不利于学生成为高新技术技能人才。

所以，现代学徒制要在新型人才培养目标的指导下，职业院校教师、企业师傅和课程专家积极参与，兼顾职业教育的“知识性”与“职业性”，对课程框架科学分析，开发教学标准，设计符合企业实践和学生理论学习的课程内容，并要根据实际情况，动态地发展完善课程框架，不断总结更新课程内容。

（二）现代学徒制人才培养课程框架的构建

1. 课程开发与课程模块组织

课程指的是在校学生应该习得的各种学科及学科的安排与进程，是构成课程体系的最小单位。“课程体系框架是指将课程的各个构成要素加以排列组合，是提高和保障教育质量的关键条件”。课程体系框架的组成要素有课程观、课程内容、课程目标、课程活动方式和课程结构等，其中课程观起着统领作用。现代学徒制课程框架的最小单位是课程，课程模块是组织结构单位。

根据《教育部关于制定职业学校教学计划的意见》要求，职业学校的课程分为两大类，分别是公共课程和专业技能课程。国家按照职业教育课程政策统一安排公共课程的内容，专业技能课程按照职业生涯发展规划和毕业生就业职业岗位分为专业技术平台课程和专业方向课程。专业技术平台课程指的是各个职业岗位发展方向都需要学习的基础课程；专业方向课程指的是根据不同职业岗位发展方向划分的具体课程。再结合上文提到的我国职业教育人才培养目标的核心内容“岗位职业技能”“专业技术知识”和“职业素养”，可以将现代学徒制的课程框架分为以下几大模块：公共课程模块、专业技术知识课程模块、职业岗位方向课程模块和学徒职业发展规划课程模块。

（1）公共课程模块。

公共课程模块的培养目标在于培养学生的职业素质、人文素质和思想道德等方面的能力，包括公共选修课程和公共必修课程，与英国的通用基础课程的设置相类似。企业也是课程建设的主体，建设此模块时可与企业文化相结合。企业文化极大地影响着学徒的内心体验和情感共鸣。当学生在课堂上学习的理论知识和职业素养与企业的文化环境、工作氛围和价值观念相契合时，不仅使学生对所学的理论知识和道德素养有了进一步的认识，而且还有利于学生职业信仰的形成与内化。

公共课程模块主要包括思想政治理论课、马克思主义理论课、语文、计算机、英语、企业公文写作等德育课和文化基础课程的学习，其中思想政治理论课、马克思主义理论课要按照国家教育课程政策统一安排教学内容,但是课程的教学方式是多种多样的。英语、计算机、企业安全教育、企业文化教育等其他课程的教学方式、教学内容可以更加灵活多变，按照学校和企业实际进行课程设置。这个课程模块的学习可以为学生以后的职业定位、职业生涯规划打下坚实的基础，使学生具备基础的文化知识素养、职业素养和通用职业技能。

（2）专业技术知识课程模块。

专业技术知识课程模块的培养目标在于提升学生的专业能力，学习同一行业各个职业岗位发展方向都需要学习的基础课程，即满足不同企业共同需求的基础专业知识技能，有灵活运用所学知识解决实际问题的能力。本模块的课程建设需要从职业岗位的能力着手分析，以不同企业的同类岗位为基础，培养的人才能够胜任多种工作，培养其行业通用性。为了达到学以致用，而非纸上谈兵的目的，专业基础知识技能的学习要建立在解决实际工作问题和为工作岗位服务的基础之上。

专业技术知识课程模块应该包括专业通用理论知识体系和专业通用技术技能体系，要体现职业教育的“职业性”特征。该模块的课程均为专业必修课，学生要求通过所有课程考核，才能获取相应的学分。这个课程模块的学习使学生获得职业基础技能，能顺利完成同一行业职业岗位通用的工作任务。

（3）职业岗位方向课程模块。

职业岗位方向课程模块的培养目标在于培养学生胜任不同职业岗位发展方向划分的具体岗位的基本技术技能。本模块的建设依据是现代学徒制合作企业的具体岗位用人标准和岗位核心技术技能标准，参考职业资格考试要求，需要开发两个及以上的职业岗位方向的专业课程模块。学生可以自由选择，以师父带徒弟的课程教学方式为主。

职业岗位方向课程模块的构建要从分析现代学徒制合作企业的职业岗位能力着手，用于培养特定岗位的具体职业岗位技能。所以，要依据合作企业需要的职业岗位类型来设置课程模块的内容，让学生自主选择，既保障了学生学习的主体地位，调动其学习主动性，又解决了合作企业的用工需求。

（4）学徒职业发展规划课程模块。

学徒职业发展规划课程模块的培养目标在于依据各个学生不同的职业观和兴趣爱好，培养学徒职业素质，培养其严谨认真的工作态度、良好的职业道德以及协同合作能力。

本模块课程建设依据不同职业岗位的发展规律，从学徒的职业发展规划着手构建课程模块。学徒根据自身的职业价值取向来选择课程，学校、企业联合选出企业的技术骨干，以师父带徒弟的教学方式，在定岗实习期间因材施教地培养学徒。

2. 课程框架构建的基本方法

（1）构建课程框架的入手点。

在构建课程体系框架之前，需要调研行业和合作企业的用人需求，根据调研结果确定行业通用职业岗位和合作企业职业岗位的不同需求。现代学徒制课程建设的入手点是职业岗位的能力分析，分析行业通用职业岗位基础专业知识技能以及合作企业职业岗位核心知识技能。通过明确职业岗位的工作内容和任务，对各个工作内容和任务进行职业岗位的能力分析，总结出职业岗位需要的通用职业岗位基础技能和核心知识技能。

（2）课程框架的确定。

基于上面的职业岗位能力分析结果，依据国家相关的职业资格认定标准，现代学徒制合作企业用人标准和工作岗位活动分析表，结合培养高新技术技能型人才的培养目标要求和职业岗位实际工作流程，运用职业教育课程框架构建方法，对课程结构进行设计，形成课程框架确定表，包括公共课程模块、专业技术知识课程模块、职业岗位方向课程模块和学徒职业发展规划课程模块。然后，依据各个职业岗位发展的不同方向，确定学生不同的职业生涯规划，规定哪些课程是必修课，哪些课程是选修课。

（3）课程体系的构建。

根据学生发展认知规律，注重课程内容与职业标准相对接，打破以往职业教学课程体系框架，构建源于实际工作岗位过程的课程体系框架。课程体系构建流程：第一，进行职业岗位调研，确定所设专业课程面向的职业岗位。第二，职业岗位内容和任务分析，明确职业岗位的详细工作流程和工作内容。第三，职业岗位能力分析，确定各个职业岗位工作内容要求的职业知识与技能。第四，基于实际工作流程开发、建设通用基础课程，构建职业岗位方向课程模块。第五，基于合作企业不同岗位的特殊用人需求，增设新的专业企业课程，即依据合作企业需要的职业岗位类型来设置课程模块的内容，让学生自主选择，解决合作企业的用工需求。第六，设置不同专业都要学习计算机、英语等公共课程，构建公共课程模块，为了进一步培养学生的职业素质、人文素质和思想道德等方面的能力，开设了学徒扩展课程模块。第七，依据企业实际工作流程确定开设课程的前后顺序，逐渐形成专业课程的教学进度表。

3. 创新开放式的教学标准、教学计划

本书中提到的教学组织结构化，也需要在现代学徒制中通过规范的、统一的教学标准、课程框架、教学计划来实现。所有开展现代学徒制的国家，都制定了相对统一、创新、开放式的人才培养教学标准和课程框架。具体来说德国有两个教学标准，一个是《职业培训条例》，另一个是《框架教学计划》。前者是针对企业的实践培训，由联邦政府、各州政府、工会组织和企业家联合会四方商讨制定的。此条例对职业培训的名称、培训的时间长短、进度安排以及考核标准都做出了细致的要求；后者是针对职业院校的教学，由各州政府依据教育与文化事务部长联席会议，通过复杂的程序商讨形成的。此计划则按照职业培训年限划分，对学习时间、学习目标、学习内容和学习范围做出了细致的要求。这两个文件使每个职业岗位都有详尽的系统任务分析，具体的教学计划则是在其之上制定的，系统任务分析由德国联邦职教所的专家组织、工会、行会人员参加，这就保证了教学过程与生产过程相对接。瑞士的教学标准文件为《职业培训条例》，瑞士政府规定企业要向社会和职业院校提供本企业的职业培训教材和方法，这是企业在学徒制人才培养中的责任；澳大利亚的是《培训包》；英国的是《学徒制框架》。上述国家都是现代学徒制实行比较成功的国家，其共同点是教学标准和计划都由政府级单位组织行业、企业和职业院校共同商讨制订，对现代学徒制人才培养所应达到的理论知识和技术技能水平做出了统一、细致、明确的要求，甚至详细地规定了教学组织的具体方式和内容。所有实行现代学徒制的学校和企业都要按照此教学标准进行人才培养工作。所以，企业的职业岗位需求和学校毕业生数量的对应，减少了毕业生就业供不应求或者供大于求的问题的发生。

现代学徒制对职业院校以往的教学组织管理提出了新的挑战，譬如说教学时间地点的安排、学分的管理和课程管理等等都要重新建立标准。对此，职业院校要基于以往教学组织管理经验、学生的成长规律和企业需求，建立创新开放式的教学组织制度，使现代学徒制人才培养工作正常进行。首先，要建立机动灵活的课程安排机制，课程的安排要做到既满足学生在企业实习实训的需要，又不影响企业正常的生产运行，要以企业生产运行为依据机动灵活地安排课程。例如，安排职业院校教师到企业为学生进行公共基础课的教学；为学生去企业实习实训设立企业学习周或学习月，等等。其次，创立对企业课程学分的认定机制。职业院校和企业共同商讨制订企业课程的认定标准，认定学生在企业实习实训期间的课程学分。最后，要创立学校课程学分和企业课程学分的互换机制。为了激发学生去企业实习实训的积极性，可以创立学校课程学分和企业课程学分，依照一定比例和要求进行互换机制。灵活机动的教学组织方式使现代学徒制的人才培养工作顺利开展下去。

4. 课程的授课方式

现代学徒制的课程授课主要采用工学交替的方式，分为以下四种类型：理论集中授课、实际岗位培训、企业基本培养和专项任务训练。理论集中授课主要指的是在学校或企业以班级为单位集中进行理论知识学习的教学方式；实际岗位培训指的是在企业岗位，企业师傅指导，以学生为活动主体的师傅带徒弟的方式进行教学的实践方式；企业基本培养指的是企业定期去学校进行专题讲座或者在实训基地和实际生产岗位进行操作演练的教学方式；专项任务训练指的是在教学活动中设置多个训练任务，训练学徒在工作岗位中独立进行生产任务的教学方式。现代学徒制上课次序要以实际工作过程的次序为导向，课程考核要由理论知识考核、以技术技能考核为主的岗位培训考核和任务训练考核共同组成。教学进度表中要标明各个课程的考核时间和考核标准，具体的考核评价标准和成绩比重由学校教师和企业师傅联合设计判定。

5．课程内容与教材的编写

现在的职业教育教材水平往往不高，由于职业教育老师自身理论基础不扎实、理论知识更新换代慢、实践经验不足等原因，编写出来的教材理论高度不够、与实际生产脱节，没有新工艺新技术。所以，现代学徒制的教材编写要体现企业实际工作过程，教材编写要遵循以下原则：第一、教材的编写要有创新性和启发性，有利于启发学生创新能力，培养新型技术技能型人才；第二、教材的编写要有前瞻性和先进性，因为课程内容是根据教材内容讲授的，所以为了保证学生所学知识的先进性，教材的编写要有前瞻性；第三，教材的编写要有理论性和实践性，教材的编写要有丰富的理论知识做支撑，并且要将理论知识与企业生产实践相对接，与学生职业生涯规划和未来就业相联系。

（三）现代学徒制人才培养课程建设主体的互动机制

现代学徒制课程建设的主体是政府、学校、企业和课程专家。其中，政府在课程建设中起着主导作用，政府通过顶层设计与系统规划，为课程的建设提供政策保障和财政支持；学校是课程建设的重要主体，参与课程开发建设的全过程；企业决定着现代学徒制课程建设的成败，是课程建设的关键所在，为课程建设提供所需的职业能力和真实的岗位信息；课程专家是课程建设的指导者，掌握着课程建设的理论和技术，影响课程建设的水准和进程。

1．职业标准是课程建设依据，规范课程框架

政府相关部门应该在现代学徒制课程建设中发挥重要作用，将现代学徒制纳入正规学制，提高其社会声誉。针对当今实行的学徒培养制度来构建全国统一的课程体系框架和职业标准，从过程和结果两方面来完善现代学徒制的人才培养计划。同时，可以参考西方发达国家的实践和经验来制订并实施现代学徒制课程建设方案和细则。例如，德国的《职业培训条例》和《框架教学计划》，前者是由行业协会发布用来进一步规范企业培养的制度；后者是由德国州政府颁布用来进一步规范学校培训的制度。国家层面制定的、全国统一实施的职业教育课程标准还有澳大利亚的《培训包》和英

国的《学徒制框架》。两者都详细规定了对学徒培养所采取的教学方式和教学内容，甚至精确到学徒接受培训后所应达到的知识水准和能力水平。这些规章制度和职业标准框架保障了学校的培养水平和企业的培训质量，以防企业因积极性不强而采取投机行为。在政府的顶层设计下，行业协会、企业和学校共同进行现代学徒制课程体系的组织和管理。由于我国各地社会经济水平差距较大，全国统一的课程体系框架和职业标准只是针对学习期限、内容、评价标准等方面的原则性规定，是现代学徒制人才培养的最低要求。各地的企业和职业院校应该因地制宜，结合自身实际情况制订出符合自身发展的内容与课程框架。

2．学校是课程建设的主体，参与课程开发全过程

职业院校是现代学徒制课程建设的主体，要树立校企合作培养人才的理念，将学校的专业设置、课程建设、教学组织和质量考核评价方式与企业职业岗位要求结合起来，使企业也作为人才培养主体积极参与课程的开发和建设之中。在课程的开发和建设中，学校教师除了要以培养学生职业道德、职业精神、职业能力为出发点，重视以文化基础课为传统的理论教学以外，更要将企业职业岗位需求作为学校课程建设的重点内容，与合作企业围绕实际工作过程所需知识技能开发核心课程并构建核心课程组，使学生提前对未来工作环境有所认知。在实际教学过程中，要以培养学生的职业技术技能为导向来变化教学方式，重视对学生实践动手能力的考核，重视对学生实践操作课程的考察，寻找最符合本校的质量考核体系和课程评价体系。

在现代学徒制的课程建设过程中，职业学校要牢固树立培养高新技术技能型人才的办学理念，明确自身定位的同时学会换位思考，树立合作共赢的意识，寻找学校企业合作开发课程的共赢点。保障合作企业的经济利益，提高职业院校服务社会的职能，使企业积极参与到现代学徒制人才培养之中，改变以往学校在校企合作中“一头热”的窘境。

3．企业是课程建设的关键，决定课程建设成败

企业是课程建设的关键所在，决定了现代学徒制课程建设的成败。企业应该从长远利益出发，积极参与到现代学徒制课程建设中去。因为学校培养的高新技术技能人才绝大多数会成为企业未来的员工，企业和学校其实是互补性的关系，企业是现代学徒制的最终受益者。所以企业应该挑选职业岗位中的技术骨干参与到课程建设中来，到职业院校中来，了解课程内容的设置、课程体系的构建和学生培养工作的整体过程，为职业学校的课程建设出谋划策。

企业自身也应该加大对在职员工的培训力度，提高在职员工的科技水平与创新研发能力，加大企业技术骨干参与现代学徒制课程建设的广度和深度。企业应该充分利用现代学徒制课程建设中合作院校的优势资源，提高自身的科研水平，提升自身的管

理水准，规范企业人员培训制度，提高在职员工文化素养，提升企业的核心竞争力和社会声望。

4. 课程专家是课程建设的指导者，影响课程建设质量

课程专家是现代学徒制课程建设的指导者和管理者，掌握着课程建设的一般理论和方法，影响课程建设水准和进程。课程专家为学校教师提供课程建设的一般知识与基本方法，并预测具体实施过程中可能会遇到的问题和应采取的方案，其具体职责如下：

首先，课程专家要主持课程建设与职业技能探讨会议。此会议由课程专家引导企业专家对自身工作经验的思考并列举职业岗位的具体工作内容和需要具备的职业技能，这是整个课程建设的开端。后续的课程建设工作，譬如课程内容的设置、课程评价标准、教学过程、教学设计等项目都要以此会议探讨的结果作为基础进行设定。此后，校企双方共同修订人才培养方案。邀请人才培养方面的教育专家对现代学徒制人才培养方案展开讨论并汇总专家们的观点意见，参照职业教育毕业生就业情况的统计年鉴和专业发展状况，制订出本专业对应的相关职业岗位需求。然后在课程教育专家的主持下，邀请多位企业专家成立岗位任务分析组，按照上一节提到的课程框架构建方式，完成课程设置方案，将职业岗位任务变为需要学习的专业课程，做到课程内容与职业标准相对接。在此基础上，校企教学团队多次讨论修订，结合对学生道德职业多方面综合素质的要求，最终审核通过人才培养方案。

其次，课程专家要指导管理课程建设进度。课程建设过程包括“专业课程体系”“编制专业课程标准”“编制项目教学方案”“开发项目课程教学资源”和“教材编制”等几个主要环节。对于熟悉传统职业教学模式和学科体系的职业院校教师来说，独自进行课程建设难度很大。所以，课程专家要在课程建设的重要节点上对教师进行指引，掌控好课程建设的进度，确保课程建设的每个环节都能够在不偏离大方向的基础上顺利进行下去。

最后，课程专家要评估课程产品质量。课程建设工作耗时长、项目多、过程复杂、变数多。它的成功与否关系到现代学徒制参与的学校、企业和课程专家等多个利益主体。因此，要由课程专家对研发出来的课程产品进行质量把关，保证每个环节都环环相扣，毫无差错，使现代学徒制合作的学校和企业受益于课程建设的最终成果。

二、现代学徒制人才培养的教学组织

（一）教学组织的结构化

教学组织指的是“教学活动过程中教师和学生的组织方式及教学时间和空间的安

排方式”。不同的教学组织方式会影响学生智力的形成、知识的获取和人格的培养。传统的教学组织管理模式不利于现代学徒制工学交替的人才培养方式。因为与传统学徒制相比，现代学徒制的教学组织从非结构化到结构化，发生了很大改变。现代学徒制在教学组织上的表现就是“工学结合”和“校企合作”。许多学者对此已进行过探讨，但是往往忽视了这一特征出现的技术方式，即教学组织的结构化。所谓结构化在职培训是指由资深员工在工作现场或与工作现场类似的地点培训新员工，以开发新员工在工作单元上能力的一套有计划的程序。其核心特征是培训的计划性。

1. 教学组织从“非结构化”到“结构化”的转变

在传统学徒制中，生产与教学虽然合二为一，但是教学方式以试误和模仿为主，企业师傅的职业素养和技术技能对人才培养的质量影响非常大，教学活动的发生有随意性，教学组织是非结构化的。而现代学徒制与之相反，要求较高的教学质量、多元化的教学队伍和规范的教学场所、教学环境，所以现代学徒制要求结构化的教学组织方式。第一，在教学主体上，现代学徒制拥有企业、职业院校两大主体。两大教学主体要合理分配教学任务。第二，传统学徒制的教学队伍往往只有一到二名教师或者师傅，现代学徒制与之不同，拥有专业带头人、学校优秀教师和企业技术骨干组成的多元化的教学队伍。企业里不同职位的师傅和职业院校里不同课程的教师也承担着不同的教学培训任务，也要在教学任务上进行合理分工。第三，由上文可知，现代学徒制拥有不同于传统学徒制的教学主体和师资队伍，所以教学组织需要进行结构化的设计，来保证人才培养的教学质量和规范统一。

2. 实行“柔性化”管理和“弹性”学制

在建立新型教学组织方式的过程中，职业院校在教学组织管理中急需解决的问题是学校教学任务的连续性和企业实际生产的不确定性之间的矛盾。教学管理过程中要树立以学生为中心的教学理念，“要依据培养过程中学生发展的共性和个性需求选择教学组织方式，实行校企共同参与的柔性化的教学管理模式和弹性学制。校企双方共同实施课程管理、共同评估高技能人才培养绩效”。为现代学徒制人才培养提供教学组织管理上的支撑。

（1）“柔性化”管理。

上面提到的“柔性化”教学管理模式指学生在现代学徒制人才培养中有“学生”和“学徒”两种身份。作为“学生”使用学校的管理机制，作为“学徒”使用企业的管理机制，要灵活实行工学交替的教学组织方式。在此期间，理论知识与实践技能之比以3 ∶ 7为宜；学生1/3的时间在学校接受理论知识和道德素养的学习，2/3的时间在企业进行技术技能和职业岗位的培训。这种“柔性化”的教学管理模式使学生就业前景更加明确，增加了对未来工作岗位的适应性，大部分学徒毕业经过考核后能够留在合作企业中顺利就业。

（2）“弹性”学制。

“弹性”学制指的是区别于传统学徒制的3年固定学制，学生学习时间较灵活，具体实施过程富有弹性。现代学徒制的最短学制是2年，针对已经习得关键职业技术技能的学徒来说，学习培训时间可以再适当缩短。现代学徒制坚持因材施教原则，每一位学徒可以根据自身已掌握的知识技能状况提供一份培训计划，计划中明确自己应达到的任务目标，但是学习方式和学习时间可以不固定，按照自身情况循序渐进。

（二）优化教学场所，建设实训基地

作为现代学徒制专业教学的重要组成部分，实践教学应存在于现代学徒制人才培养中的各个部分，这是实现现代学徒制人才培养目标、提升技术技能型人才培养质量的重要环节。所以，建设实训基地是现代学徒制教学组织与管理的重要工作。实训基地的建设包括校外和校内两个实训基地的建设。校企双方应该联合统筹好校外校内实训基地的建设工作。

1. 校内实训基地的配备

校内实训基地应该以培养学生职业道德、职业素养、提高学生核心操作技能为主要任务。依据学生技术技能训练的需要和企业需求，学校和企业应该联合设立设备先进、功能齐全的校内实训基地。首先，要有贴近企业实际工作场景的职场环境，为学生营造企业岗位实际工作氛围；其次，要选择比较典型、有实践意义的产品或者项目进行开发研究，这样有利于学生独立完成工作任务明确、工作过程完整的综合实训项目；再次，要争取合作企业资金支持，建立具有良性运行机制的、以实际生产工作为基准的实训基地；最后，要拥有以实际生产工作为背景的、支持技术技能训练、创业创新培训的教学实践场所和设备，以及建立与之相配的规章制度、教学文件和管理运行机制。

2. 校外实训基地的配备

校外实训基地应该以巩固学生理论基础知识的学习，使学生与企业工作岗位零距离衔接，提升学生基本职业技术技能为主要任务。职业院校和企业要联合建立校外实训基地，保证90%以上的各个专业学生能够在此顶岗实习1年，并在此基地找到与其职业生涯发展相对应的实训场所。此外还要建立与之配套的校外顶岗实习规章制度、管理运行机制和教学管理资料等等。教学管理资料包括学生校外实习记录、学生校外实习鉴定表、教师校外实习指导方案、校外实习规划手册和企业校外实习督导计划等等。

建设实训基地是为了实现教学过程与生产过程相对接，所以，实训基地的建设要以行业企业需求为导向，按照“真环境育人、真项目训练、真设备操作”的要求建设

学习实训一体的教学基地，并形成校办企业型、教学工厂型和校企共建型等多种灵活机动的实训基地模式。具体教学实施中做到学做合一、产教对接、校企联合。只有这样才能使教学过程与生产过程不脱节，使学生的实践操作技能全面提高。

（三）创新教学组织形式，真正实现工学交替

1. 创新工学交替的教学运行机制

以教学过程为校企合作教学组织的重要环节，实施职业院校教师和企业师傅双导师负责的课程教学工作，确定各个教学环节的要求和内容，推进现代学徒制教学工作的展开。具体的教学运行管理工作有：

（1）校企双方共同布置教学任务。

依据上面制订的人才培养方案，校企双方共同布置教学任务。核心的专业课程教师要采用双导师负责制度，按照课程内容选择适合的学校优秀教师和企业技术骨干，共同完成教学工作，确保理论知识与实践技能之比以 3 ∶ 7 为宜；学生 1/3 的时间在学校接受理论知识和道德素养的学习，2/3 的时间在企业进行技术技能和职业岗位的培训。

（2）校企双方共同进行教研工作。

学校教师和企业师傅在分析所教课程与其他课程的前后联系和在整个现代学徒制人才培养课程体系中的作用、地位之后，讨论课程的教学方法、重点难点等内容。为了确保课程内容与职业标准对接，教学过程与生产过程对接，对教学重点难点采取集体备课的方式，集体备课的方式在比例上大于等于 30% 为宜。

（3）校企双方交替完成授课工作。

校企双方组成的教学队伍要优势互补，课程改革坚持“教、学、做”一体化原则，培养知行合一的新兴技术技能型人才。根据课程特点和内容选择适当的教学场所，要充分利用好校内和校外实训基地，保证实践课的课时总数。职业院校教师和企业师傅交替进行知识和技能课程的传授，使理论与实践紧密相连。

（4）校企双方共同督导教学工作。

学校和企业要联合督导实行现代学徒制班级的教学工作，由职业学校牵头，联合合作企业成立教学督导组。督导组分为学校教学督导组和企业教学督导组，分别负责督导学生在学校和企业所学内容的进展情况，并定期向学校和企业汇报督导情况，保证学生的学习质量。

（5）校企双方共同评价教学效果。

现代学徒制的教学队伍要改革以往的专业课程评价模式，推行校企双方共同考核

的评价模式。譬如，每个学期每个专业挑选三到四门核心课程，校企双方共同商议考察内容和考察方式；再挑选一到两门主干课程，完全由企业掌控考核主导权，并与该课程在校内的常规考核相对比；学生完成所有课程考核后，在毕业前要接受企业命题的综合技能考核，并将结果纳入《现代学徒制人才培养考核与录用方案》中，作为合作企业最终考察和录用人才的依据。

2. 创新工学交替的教学过程

现代学徒制需要创新工学交替的教学过程，学校企业可以实现内外教学实践资源的优化配置，利用好校内外实习实训基地，利用企业在技术、设备、生产、经营等实践方面的优势，按照学校和企业实际状况实施工学交替的教学方法，强调实践教学。

（1）初期阶段，现代学徒制全方位准备工作和企业“识岗”活动。

在此期间，学生主要是在学校学习理论知识，包括公共基础课、专业理论知识和基本专业技能的学习，同时教师要有计划地、系统地向学生介绍现代学徒制工学交替的教学方式，使学生做好思想和策略上的准备；也使学生对中期阶段和后期阶段去企业实际工作有了整体预知，并培养其适应未来工作需要的职业素养。在学习过程中，学生可分阶段、分批次地去企业参观调研、参加企业讲座，学习前瞻技术，熟悉企业实际的工作流程和实践环境，初步认识所学专业对应的职业岗位基本要求，然后继续回到学校学习专业基础课程。可以采用灵活的教学组织形式，理论知识的学习可以一周在学校进行，一周在企业进行，做到工学交替。

（2）中期阶段，在企业进行“跟岗”工作。

经过初期阶段的准备和学习，中期阶段学生以学徒身份进入企业实习实践，企业选拔能工巧匠作为学徒的师傅，带领学生进行“跟岗”活动。一方面，学生在与企业师傅的相处学习中，可以从企业实际工作环境中逐渐建构自己对生产经营过程的认知；另一方面，企业师傅指导学徒观察、模仿并学习实际工作所需的技能，在实践中验证理论知识的正确性，并解决实际问题。在此期间，学生实践操作水平得到大幅度提高，并诱发其学习兴趣。在一定的实践经验之后，学生再回到学校学习理论知识，这次的学习主要针对实践中遇到的困难，有针对性地选择学习内容，并为下一阶段的学习做准备。

（3）后期阶段，在企业进行“专业实习”和“顶岗实习”。

理论上，经过前期和中期阶段的学习和实践，学生会很快适应企业实际的岗位工作。所以在此时期，理论课程的学习基本结束，学生再次进入企业做学徒，先是进行专业实习，然后是顶岗实习。专业实习期间由专职师傅点拨，系统地学习工作岗位所需的实践技能，进行岗位职业能力实践活动，顶岗实习期间由各个岗位工艺人员进行生产性实训，一个师傅带4到8名学徒，组成学习工作小组，保证学徒能学会所教技能，并按照企业班组的模式进行管理，完全按照企业正式员工的要求安排工作内容和作息时间，使其完成从学生到学徒，从学徒到企业准员工的转化。最后，学生取得学校的学历学位证书和岗位的职业资格证书，成长为适应岗位需要的高技能技术人才。

综上所述，现代学徒制的教学组织方式包括学校教学、专业实习和岗位就业。合作企业要依据实际需要，列举所需人才的要求，并由此构建人才培养框架。职业院校要按照企业需求修订教学计划，改进教学组织方式。这样既解决了企业用工难的问题，省去了学生入职后再培训的工作，也缓解了职业院校学生就业难的问题。

3．创新工学交替的教学方法

（1）行动导向教学法。

行动导向教学法指的是根据完成某一职业工作活动所需要的行动以及从业者的内在调节机制来设计实施和评价职业教育的教学活动。行动导向教学法能够将学习过程与行动过程合二为一，强调知行合一地进行教学。要将行动作为学习的目的，作为学习的途径，而非纸上谈兵，夸夸其谈。学生要作为行动导向教学法的重要主体，积极地参与其中，提升自身职业能力，包括理论水平和实践水平的同步提高。

行动导向教学法的教学过程需要教师和学生双方一同引导。现代学徒制运用行动导向教学法在学校模拟的或者企业实践的校内外实训基地中系统化、有针对性地组织学生学习，要全程参与其中，包括制定、实践、评估和反思教学活动的每个环节，并及时解决其中出现的问题。通过解决发现的问题，学生能够反思学习过程，最终达到所需的理论储备与实践能力。

现代学徒制中运用行动导向式教学，不只涉及以行动为导向的教学组织、教学内容这一方面，还包括了以行动为导向的专业设置，以行动为导向的课程建设，以行动为导向的考核标准等等多个方面。具体来说即以企业实际的产业需求来确定专业设置的内容；以企业实际的职业标准和工作岗位能力来确定专业课程教学内容；以企业实际的生产过程来确定教学过程，参照岗位要求来确定考核标准；按照工艺流程来划分教学模块，以保证每个教学内容的相对完整，除了传统授课的教师讲、学生听以外，行动导向式教学要求学生和教师以行动来实践教学过程，这才是其实现的前提和根本保障。

（2）渗透式教学法。

渗透式教学法的含义是教育者依据特定教育目标，借助特定平台，营造特定环境，引导受教育者感受，从而使受教育者在感染和陶冶中得到优化。此教学法要凭借一定的平台，这个平台可以是自然环境，也可以是社会硬件或者社会软件的方式，使教育资源及教学要求受其浸润，借助这样的资源氛围创设教育教学信息。

现代学徒制运用渗透式教学法，学生不再只是受教育者，而要积极参与到教学中来。首先，学生要发挥自己的主观能动性，在教学目标、教学计划的整体要求下，找到自己的兴趣爱好所在，根据自身实际情况来制订学习计划，模拟学习情境。渗透式教学法能够提升学生的参与度，发挥其主观能动性，培养出符合现代学徒制要求的实践技能人才。

学校教师和企业师傅作为教育的双主体要发挥主导作用，现代学徒制由于运用渗透式教学法，更加注重知识的融合与渗透，要多层次、多角度地分析问题，解决问题，这就对学校教师和企业师傅的教育教学水平提出了更高的要求。所以，教师和师傅不仅要具备传统的理论知识、职业素养和职业技能，还要具备将教学内容、信息资源创造性地加工、整合的能力，熟练地运用和教学相关的原则和策略，根据不同的学生因材施教。

第五章　产教融合视域下“双师型”教师专业素质提升策略

第一节　构建符合高等职业教育特点的“双师型”教师专业标准

21 世纪以来，提高高职院校教师质量、促进其专业发展成为我国高等职业教育改革发展的焦点。提高高职教师的专业地位，促进其专业发展，构建高职教师专业标准是重要前提和路径。

因此，亟须建立国家层面的高职院校教师专业标准，实行更加适合高职教育发展的教师能力标准，培养更多优质师资，为高职教育的健康发展保驾护航。高职院校教师专业标准的意义在于它是选拔高职教师的依据，是培训高职教师的指南，是评价高职教师的标准，是引领高职教师自身发展的导向，还是提高整个高职教师队伍素质和水平的依据。

一、高职“双师型”教师专业标准构建理念

高等职业教育“双师型”教师专业标准是根据高等职业教育“双师型”教师的“职业特性”，经“利益相关者”方面的协商而达成一致，经实践验证有效而得以推广的标准。制定高等职业教育“双师型”教师专业标准之前应对高职教师活动领域重复出现的“活动名称”“活动目标”“活动内容”“活动方法”“活动程序”“活动质量”，以及实现以上活动所必须具有的知识、技能、态度要求等方面内容做出“综合性判断”与“规定”，并作为共同遵守的基本准则和依据。也有研究者认为，强调优质教学、关注“双师型”教师的专业发展、达成“促进学生发展”的理念是构建“双师型”教师素质的核心理念。而“双师型”教师专业标准内容架构应包括专业伦理、专业信念、专业知识、专业能力和专业实践。

为开发层级分明、操作性强的高职院校“双师型”教师专业标准，以便为“双师型”教师的专业发展、培养、培训、在职进修等工作提供依据，认为高职教育“双师型”教师专业标准的构建应着力突出三种理念。

（一）体现终身学习的理念，促进“双师型”教师专业成长

高职院校“双师型”教师专业素质提升是一个持续终身的过程。遵循“以人为本”的社会发展理念，让教育中的“人”成为建构高职教师专业素质的逻辑起点和精神核心，成为制定高职教师专业素质框架的基本理念，促进教师终身专业成长。从本质上来说，人是一种理想性、超越性、创造性的存在，人永远是一种未完成的存在。

高职院校“双师型”教师为了更好地完成教学任务，就要不断地了解整个社会的变化、捕捉社会发展的新动向，了解学生的变化，不断学习最尖端、最前沿的知识，做一个学习专家。

纵观世界各国制定的“教师专业标准”，都不约而同地强调了“终身学习”的重要性。一般说来，青年教师具有极大的可塑性，是职业专业化发展的关键期。让他们从心理上、理念上、思维上认同高职教育这一新角色，并在这一基点上结合所在院校、部门以及自身实际去科学规划职业发展，都需要制度引导、高职院校的积极帮助。

（二）促进学生发展

关注高职“双师型”教师专业素质的提升、强调优质的教学等理念，其真正的意义和价值还在于“促进学生的发展”，学生是最终目的。因此，制定高职院校“双师型”教师专业标准还要充分体现“促进学生的发展”这一最核心的理念。“教是为了不教”“授人以鱼不如授人以渔”是古已有之的教育理念。在信息技术变革、经济变革和全球化趋势的影响下，整个人类的学习环境、学习目标、学习内容、学习方法、学习效能得以提高的技术手段、学习成绩的评价标准、学习者自身特点等，都发生了变化，“学会学习”再一次成为教学的终极性基本要求。教师的专业素质也随之发生变更：由知识传授者变为学习促进者，由“教书匠”变为善于整合技术和方法的专业工作者，由单一的教书育人角色向集教书、科研、提供社会服务于一体的角色转变。教师与学生的相互联系和互动将始终是影响教育过程和教育结果的主要因素。

首先，高职院校的“双师型”教师要坚信所有学生都具有学习和发展的潜力，应致力于让所有学生获得与一定的岗位群相适应的职业能力，与学生相处过程中要公平、公正地对待所有学生。其次，“双师型”教师必须要有让学生学习的能力。“双师型”教师要掌握学生身心发展规律、知识学习规律、技能学习特征，特别是掌握学生“技术学习”能力形成的规律，以更好地创造丰富的、适合于学生发展和学习的环境，积极促进学生的发展。最后，“双师型”教师一定要致力于培养全面发展的优秀“职业人”。高等职业教育尤重场域性和言传身教，“双师型”教师不仅要培养具有一定实践操作技能的高技能人才，更要培养具有一定的创造性智慧、能够全面发展、具有高尚专业

道德和强烈责任心的职业人。

（三）强调“双师型”教师的专业实践

认为高职教育“双师型”教师专业标准的构建还应着力突出其专业实践，突出高职“双师型”教师的各种专业实践行为，主要原因有两个。

首先，高职人才培养以就业为导向，教学以能力为本位，学生第二课堂以发展职业能力为目标，思想政治工作以养成良好的职业道德为目的，为实现这一培养目标，要求教师具备一定的专业知识、专业能力、顶岗操作能力。但是从当前实际情况来看，高职院校“双师型”教师的专业实践能力的现状不容乐观。很多高职院校的“双师型”教师缺乏与行业、企业、社会团体等机构和组织沟通合作的能力，也缺少相应的专业实践能力，这一方面降低了高职教师教学的效果，另一方面制约着高职院校人才培养质量的提高。

另外，对于高职院校“双师型”教师专业标准的构建来说，尽管可以强调高职院校“双师型”教师的专业知识、专业能力、专业精神等素质结构层面，但这些层面都仅仅是从“静态”层面上规定了高职院校“双师型”教师素质结构的一种“应然”状态，对提升高等职业教育的教学质量、促进学生和教师自身的发展来说，真正关键的还是体现为“双师型”教师的专业实践活动，这也是高等职业教育的最终落脚点和归宿。访谈过程中一位受访教师也反复强调高职院校“双师型”教师要真正沉到企业。可见，要构建中国特色的高职“双师型”教师专业标准，突出强调高职“双师型”教师的专业实践便成为必要的选择。

二、高职“双师型”教师专业标准内容

认为，在制定高职“双师型”教师专业标准时，要以“优质教学”“专业实践”为着眼点，如此不仅能为教师提高自己的专业素养提供导向，而且还易使“双师型”教师的工作得到社会的理解和认可，提高“双师型”教师的地位。这种“优质教学”的核心是使学生能够获得高质量发展，成为具备一定“专业道德”“职业能力”的合格人才。

明确高职“双师型”教师专业标准的“结构框架”和“逻辑主线”，其指标主要瞄准五大要素进行评价，即教育理念、专业道德、专业知识、专业能力与专业服务。

高职“双师型”教师应该具备先进的高等职业教育理念，它侧重于教师在教学过程中工作伦理、职业素养和精神的培养，形成对职教事业的责任感。

高职“双师型”教师应该形成高尚的专业道德，它是维护高职“双师型”教师专

业尊严和专业自主性的重要载体，也是规范高职“双师型”教师行为、提升其专业服务品质的重要工具。

高职“双师型”教师应该具备深厚而广博的专业知识基础，教师的专业知识包括所教学科的基本知识、教育方面的知识与实践历程中形成的实践知识。

教师专业能力包括教学能力、专业实践能力、校本课程开发能力、组织管理能力、放眼全球的能力、沟通与合作能力、科学研究能力、善于反思的能力，专业实践能力是“双师型”教师专业标准中的重要组成部分。

高职“双师型”教师应进行高标准的专业服务，即对企业员工实施技能培训和为企业生产提供技术研发。

高等职业教育“双师型”教师专业标准需要反映共性能力，但是也须考虑如何将专业差异整合到专业标准中；还应重视帮助学生提高向工作和成人角色转换的能力及国际职业教育交流合作的能力，培养学生持续发展的能力。

高等职业教育“双师型”教师专业标准的开发需要进行科学的设计。首先，科学选择参与标准开发的人员，成立《高职院校“双师型”教师专业标准》专家工作团队，高等职业教育专业教师应该成为开发主体。此外，专家团队还应该涵盖高职院校管理人员、高职教育研究人员、高职教育教师培训机构人员、教育行政部门人员、企业技术专家和培训师等。其次，开发方法需要进行科学的论证和设计，可以采用工作任务分析（DACUM）的方法，辅之以文献研究、实证研究、比较研究和专家研讨，分析高等职业教育“双师型”教师的“工作任务”与所需要的“职业能力”。最后，《高职院校“双师型”教师专业标准》的制定应分为调研阶段、编写阶段、修订阶段、完善提高阶段。

第二节　建立科学的高职院校“双师型”教师专业发展制度

高职院校“双师型”教师专业发展制度包括教师资格证书制度、教师资格考核制度、教师资格激励制度等。其中教师资格认定制度是“国家对教师实行的执业许可制度”，是国家为保障从事教师职业者具备基本的从业资格而予以的“标准规定”和“审核认可制度”。有效的教师资格认定制度可以规范教师管理、保证教师“入口”质量、促进教师专业发展、提升教师队伍的整体素质与质量。高职教师是不同于普通大学教师、中职教师的特殊类型的教师。高职教育“双师型”教师专业是一种需要专门的知识和专门的技能及长期的广泛学术准备的专业。当前，其职业内涵和特性开始得到学术界及政府和社会应有的认知和认可，但不可否认的是，从事此专业的教师质量有待大幅度提高，我国尚未建立起完善的、符合高职教师专业成长的高职教师专业发展制度。实施高职教师专业发展制度可以促进高职教师来源多样化。实施高职教师专业发展制度，最重要的，可以改善其经济与社会地位。

一、建立科学的高职院校“双师型”教师资格证书制度

职业资格证书，简单来说，是劳动者具有从事某一职业所必备的学识和技能的证明。资格证书制度是一种就业准入控制，按照国家预先制定的职业标准或任职资格条件，经政府认定的考核鉴定部门对申请者的实践技能水平或者职业资格进行客观公正的评价、科学规范的鉴定，对资质合格者授予相应的资格证书。对于个人来说，它是实施持证上岗的有效证件。

高职教育是高等教育的有机组成部分，它具有自身的显著特点：强调高等性、教学性、职业性和实践性。高职院校过去在引进专业教师时，简单地移植普通高等学校教师职称评审的标准，偏重于“学历学位”和“理论知识”，存在一定的片面性。为了更好地实现“高职院校‘双师型’教师专业素质”的提升，必须建立科学的、切实可行的而又符合高等职业教育特点的“高职院校教师资格认定制度”。

第一，明确规定高职教师的“准入条件”，对职业教育教师的任职资格、招聘录用、职务评聘、培养培训、工作考核等做出明确规定，分别赋予双师素质教师的学术性与实践性以合适的权重，才能比较恰当地体现和衡量双师素质的基本内涵，使师资队伍建设走上科学化、规范化、制度化的道路。

第二，在评聘教师职务时，应将教师的“教学实绩”和“专业实践能力与贡献”作为重要的业务条件，使大量技术技能人才和职业技术师范院校培养的学生能够进入高职院校从教，并不断提高教师的综合素质与教学能力。

高职教师的知识和能力结构应该包含教育理念、专业道德、专业知识、专业能力、专业服务五个方面，因此，在“双师型”教师资格认定制度中应重视他们的专业道德、高职教育信念，尤其要重视他们的企业工作学习经历和应用科技开发服务能力，以保障“双师型”教师的专业素质。

联合国教科文组织认为，不同类型的职业教育教师队伍应该有不同的具体标准，体现在专业知识、经验、学历、技能、教育等方面。所有职业教育教师，应该具备合适的“个人素质”以及通过自我完善逐渐适应不断变化的技术和工作的社会环境的能力；应该在自己的专业方面具有充分的理论和实践知识，还应该具有教授相应内容的适当的教学技能。

二、建立科学的高职院校“双师型”教师资格考核制度

高等职业教育“双师型”教师资格作为从业标准，是高职“双师型”教师提高自身水平及专业化程度的措施之一，除此之外国家还应建立并完善对高等职业教育“双师型”教师资格的考核制度。通过考核制度，可以推动“双师型”教师特别是缺乏实践经验的青年教师到企业进行专业实践和职业岗位实践，及时了解行业发展动态，把握行业最新信息，更新理论知识，提高实践技能，提升其“双师型”的专业素质。

高职院校要根据对专业教师的“双师型”专业素质要求，不断优化考核办法，完善“双师型”教师的认定标准，打破终身制，建立一套适合“双师型”教师成长的考核制度。考核制度的具体要求有三点：一是实施“双师型”教师评价多元化，评价内容上，注重“职业实践能力”和“教学实践能力”的评价，赋予理论、知识教学与实践教学同等的比重，注重应用科研能力的考核；评价形式上，注重“过程评价”“绩效评价”和“综合素质评价”三者有机结合。二是制定硬性措施，建立外在督促机制，积极推动专任教师到企业顶岗实践，并将教师参与“企业顶岗实践”作为其年度考核、岗位等级聘任的重要依据和所担任职务的考查内容之一。三是对不同类型、不同成长时期的教师制定不同的考核措施。

三、建立科学的高职院校“双师型”教师激励制度

作为个体的人具有惰性和贪性。惰性表明意志力薄弱，贪性表明想要的远远多于想付出的。为了克服这种人性弱点，管理学上强调要制定制度，对人实施激励。将一个人摆在一个赏罚分明的环境中，更能激发他无限的潜能。

首先建立、健全高职教育“双师型”教师的“激励制度”，有利于提高“双师型”教师参与培训的自觉性。“双师型”教师专业素质的养成非一朝一夕之功，需要教师付出大量的时间、精力乃至更高的代价。高等职业院校必须制定一系列的激励措施以调动“双师型”教师的积极性、主动性。

“双师型”教师到企业实习或者工作期间根据表现的好坏及考核情况发放一定的课酬津贴；对在企业实习或者顶岗工作期间从事应用项目开发、实用技术攻关、业务的管理咨询等方面表现优异的教师，给予物质或精神奖励；完善“奖励性绩效工资”分配，使绩效工资向工作优秀、业绩突出的“双师型”教师倾斜；通过建立“双师型”教师工作室、名师工作室等，强化校内外“实践教学基地”建设，不断改善教师工作环境，为“双师型”教师提供更多的教学和技术创新条件。

四、国际经验给予的启示

我国高职院校“双师型”教师的资格制度、考核制度和激励制度的改革、完善与实施势在必行，在这方面，西方发达国家高职教育教师资格制度建设的经验值得借鉴。在建立科学的教师资格制度方面，一是强调学术教育与职业教育的平等地位，力求高等职业教育教师与普通高校教师只是工作类型的差异，不存在社会地位高低等差异。英国政府力图排除学术教育和职业教育间长时间存在的地位不平等的壁垒，建立一个新的贯通普通文凭和高职文凭的立交桥体系，使“学术资格”和“职业资格”得到同等地位，提升职业教育吸引力。二是建立新的职业资格体系，推行国家职业资格框架。三是发达国家普遍建立了规范的高职院校教师资质标准和职业准入制度。

第三节　完善高职院校“双师型”教师职前培养制度

提升高职院校“双师型”教师专业素质，还应完善高职院校“双师型”教师职前培养制度。要加快制定高等职业学校教师教育课程标准，以此保障高职院校师资队伍新生力量补充的质量基准。同时必须提高高职教师培养培训机构的资质标准，并建立高职院校教师入职的统一的国家考试制度，将企业工作经历、实践性教学准备纳入考试考核标准，严把入口关，以此确保教师个体专业发展和教师群体专业水平提升的基准条件。

一、完善“双师型”教师职前培养内容

进入 21 世纪，职业教育与培训已经成为一个开放体系，是一个为所有社会成员的个人和职业发展提供机会的立交桥。职业教育与培训机构不再是传统的学校，而成为融教育培训、技术推广和创新、组织发展以及人力资源开发等功能于一体的综合性机构。它提供综合性的解决方案，为社会、企业和社区发展提供人员、技术、管理和组织方面的支持。

随着网络信息技术的不断发展，很多新的设备被生产，生产实践领域不断采用新技术和新工艺，而且大量的新工艺和新技术更新速度日益加快，犹如开动起来的运行良好的机器，越转越快。这一方面为高等职业教育提供了便利条件，尤其为教学内容的更新与发展提供了丰富的素材，为教育教学方式的更新提供了条件；另一方面也对

高等职业教育提出了挑战与机遇，对于教师的专业能力、教学信息化手段提出了更高的要求。反转课堂、慕课、微课等新型教学思想、方法走向高职课堂。

我国各级各类教育在21世纪初进入全面提高质量的历史时期，职业技术师范院校要在国家政策的指导下，以国家对高等教育进行分类管理为契机，加大改革创新力度，提高办学实力，注重每一个学生的发展，提升自身服务高等职业教育的能力，进一步完善高职教师职前培养的内容。

（一）要完善高等职业教育教学知识的学习

高等职业教育与纯功利性的一般职业培训不可同日而语，它是一种培养人、发展人、完善人的教育活动。高等职业教育之所以被看作是高等教育的一种类型，在于它以就业为导向，高举“以人为本、促进人的全面发展”的大旗。②所以高等职业教育在具备高等教育功能的同时又天生具有与普通高等教育相区别的自身特征，高职院校的“双师型”教师必须清醒地认识到这一点，并且在教育教学过程中体现这一点。作为一名职业教师，其所具备的理论知识、职业教育知识、职业教育心理学知识，不仅关系到教师顺利开展教学和科研工作职业能力的方法，还将深刻地影响着高等职业教育的价值取向和社会效益。

1. 认真学习高等职业教育相关知识

我国一些职业技术师范院校存在着重学科知识、专业技能的培养，忽视职业教育、职业教学法、职业教育心理学等方面的知识培养。按照高校教师岗前要求，组织新到岗的青年教师参加高等学校教师岗前培训，进修“高等教育法规”“高等教育学”“高等教育心理学”和“高等学校教师职业道德修养”等课程，非师范类院校毕业的新教师，还要参加“教育学”“教育心理学”“普通话”和“教育教学能力测试”的学习，最后考取高校教师任职资格证。还有，明确青年教师的指导教师，组织他们有针对性地参加“实用教学管理”“教学文件与教学管理”“课堂教学组织及教学方法”“教学课件的制作”等项目的培训，鼓励他们积极参加“青年教师课堂教学竞赛”等相关活动，让青年教师尽快掌握教学管理规程，能够熟练使用现代教育技术进行教学。

2. 高职“双师型”教师要研究和准确把握高职学生的心理

当前学生、家长、社会对高职教育还存在着片面的认识，甚至是偏见。同样，由于高职教育的社会认可度不够高，高职教育学生的市场就业机制不够健全，加之有些高职专业的设置不能充分反映市场需要、不能与市场完全接轨等因素的影响，造成部分高职学生在学习过程中存在一些自卑、破罐子破摔乃至好逸恶劳等心理问题。

“双师型”教师一定要充分认识到学生的这些心理，帮助学生形成大职教观，在高等职业教育教学过程中，必须结合教学、就业以及发生的实际事例深入研究高职学生的心理，从而把握他们的心理特点。首先从培养学生对高等职业教育的观念及情感入手，让学生认识到高职教育是与普通高等教育并列的教育类型，另外积极与学生进行情感方面的沟通，将心理健康教育始终贯穿于课堂教学、实践教学、专业实习乃至就业整个过程中，逐步提高高职学生的认知能力，培养高职学生的良好心态，让学生认识到高等职业教育与普通高等教育的类型区别及其固有的优越性，形成大职教观。

（二）强化高职“双师型”教师的教学实践能力

鼓励高职“双师型”教师在熟稔职业工作任务、流程和新技术新工艺的基础上，在具体的教学实践中积极提升执教能力、校本课程开发能力及探究能力，以促进“双师型”教师，成为驾驭高等职业教育教学过程的智慧型教师。

1. 强化高职“双师型”教师的执教能力

“双师型”教师的执教能力主要涉及教学设计和教学实施两个方面。教学设计即备课，包括备教材、备教法和备学生。教学实施即上课。上好课有两个前提，一是教师要懂得课堂管理，二是教师要懂得有效教学的标准与特征。课堂管理包括管理课堂物理环境和心理环境（如师生关系、班级氛围）、制定与执行课堂规则、处置课堂突发事件等，它要求“双师型”教师为学生提供一个安全、有序、公平、人人受到关注和尊重的学习环境。有效教学要求教师从学生的已有经验或知识出发，温故知新，有效地联结学生的新旧知识；有组织、有条理地呈现教材知识，正确而清楚地讲解重要的概念、原理或技能等。

学会教学并养成高超的执教能力，是做个合格“双师型”教师首要的基本职责。美国洲际新任教师评估与支持联盟专门针对新教师的专业资质提出过十条评价标准。其中，指向课堂教学的评价标准就有五条。这五条标准基本上涵盖了“学会教学”的应有之义。

2. 强化高职“双师型”教师的设计和开发校本课程能力

校本课程开发，是高职院校根据自己的高等职业教育哲学思想，为满足高职学生的实际发展需要，以高职院校“双师型”教师为主体所进行的、适合高职院校具体条件的一种“课程开发策略”。外延上，它既包括高职院校自主开发的属于本学院的独特课程，也包括针对国家级课程的校本化改造。开发校本课程可以更好地体现职业学校的办学理念，彰显办学特色；更好地满足高职学生的实际发展需要，促进学院和学生的多样化发展，高等职业教育要求教师兼具多重角色，一是预定课程的实施者，二是校本课程的设计者与开发者。因此，参与校本课程开发，提升课程设计与开发的技能，成为“双师型”教师的一个基本职责。

3. 强化高职“双师型”教师的探究能力

鉴于“双师型”教师工作情境的复杂性、教育问题的开放性和教育技术的不确定性，强烈呼吁高职“双师型”教师形成一定探究能力。所谓“探究”，并不是要求“双师型”教师去思考纯理论的知识、开展高深的学术研究、写作学术性很强的理论文章，而是要求他们以理论武装自己，能以研究性思维和态度对待自己的工作。研究性思维是一种深层学习的表现，能够高度概括自己观察到的现象。具备了探究能力的教师能顺利阅读教育方面的专业文献，吸收高职教育学界最新的研究成果，而且还能立足自己的工作实际，独立思考，自主探究，创造性地解决教育实践中的问题，发现和建构属于自己的教育知识。

（三）努力提升“双师型”教师教育理念

教师教育理念是一个相当复杂的概念，中西方教师教育研究者对于这个概念的界定尚未有定论。很多研究者把教师信念与很多其他概念互换使用，例如：态度、观念、意识形态、倾向、视角、思考等。

教师的教育理念是“双师型”教师专业素质提升的“驱动力”，表现为教师在教育教学中“对专业的忠诚度”“对工作的责任心”“对事业的使命感”和“对自身专业发展的追求”，更为重要的是对专业道德的坚守及对职业的奉献。“所选择的教师，不仅是知识的传播者，而且是模范”。

教师教育理念的提升是一个非常具体的实践问题，它的形成是一个外在环境与内在体验相互作用的过程。理论知识学习对教师非常重要，但通过实践来验证其指导教学实践活动的成效，对教师确立相应的信念尤为重要。教师教育理念的构建与提升，可以通过实践性反思、合作性交流和行为更新等有效的实践策略来进行。

二、完善“双师型”教师职前培养途径

高职院校在进行校本培养促进“双师型”教师专业素质发展中，应结合本校中长期师资发展规划，逐步探索和构建“双师型”教师专业实践能力的培养模式和保障体制，建立起从时间到待遇等各方面的保障制度。因此，学校应针对教师实践操作能力普遍较弱的现状，改革原有以学历进修为主的培养模式，通过提供短期脱产进修和到企业考察学习、挂职锻炼、项目合作等有利于提高实践操作能力的发展机会，以促进新手教师向专家型教师的顺利转型。青年教师还可以到学校实训中心锻炼。打破传统的高校教师与实验员的界限，安排青年教师到实训中心熟悉仪器，动手掌握实践技能，参加校内实践教学设施建设或实训室设备的设计与安装工作，逐步承担学生的实训指

导任务。

教师专业素质的培养，学校、企业和职业院校三方力量互动参与；实施“高校导师”“企业导师”“职业院校导师”三类导师的有效合作机制；学生毕业后获得“学位证书”“教师资格证书”和“技师资格证书”三种证书。

第四节　完善校企合作的高职院校“双师型”教师培养制度

随着世界范围内网络信息技术革命的深入发展和信息产业的迅猛崛起，传统职业已经让位于那些要求有更多专业资格的服务性活动，导致从业人员自身素质的要求水涨船高，于是传统的以“农业、工商业、家政业”为主要内容的职业教育专业与课程发生了根本性变化，职业教育层次提升了，高等职业教育占据着越来越重要的位置。另一个重要原因是，许多发达国家加强了“职业技术教育”“培训”与“就业部门”三者的密切协调与合作。从历史上看，长期以来多数国家是由教育部负责学校体系的职业技术教育，由劳工部门负责职前的就业培训及在职培训，然而现代信息社会的迅速变革使学校职业教育和培训相互隔绝、自成一家的状况有了明显改变。联合国教科文组织在韩国召开的第二届职业技术教育大会将职业技术教育称谓变更为“技术与职业教育与培训”（TVET）就是一个明证。

高职院校“双师型”教师专业素质培养成效取决于高职院校与当地的行业企业之间开展合作的层次与水平。办职业学校必须与职业界努力进行“沟通和联络”，职业教育的方方面面发展都必须“同职业界打成一片”。设科目、定课程、用教材、训练学生，都要依据职业界的需要，聘请教师，要利用“职业界的人才”。纵观整个高等职业教育发展的历史，无论国内还是国外，办学成功的职业院校都是重视“与行业企业合作”的学校。可以说一部高等职业教育史就是一部校企合作史。因为技能型人才所应具备的技术知识与操作能力，不能通过口耳相传，也不能只靠在黑板上学习，只能在具体的境遇即实际工作场所中获得。而学生在学校闭门造车地学习，无论是心理状态还是环境感受都与在实际工作现场环境中有差距，缺乏现场感，更何况一些职业感知、职业意识、职业行为习惯乃至职业素养的养成，某些只可意会不可言传的经验和实践智慧及突发事件的应变方法，也只有在实际的工作场所和现场环境中才能掌握和内化。另外，现代科技的发展速度极快，许多新技术“在应用中发展升级”，未必能及时地反映到学校教育中来，往往只有在实际的工作地点才能获得创新技术的火花、更科学的实用技术和较强的技术创新能力。因此，高职院校必须跨出封闭的校内教育系统，放眼校外，跟上社会经济的脚步，与行业企业紧密合作，让行业或者企业直接参与到应用型技术型人才培养的过程之中，紧紧把握经济发展的脉搏，让学生在职业院校和企业岗位两个“跨界”的育人环境中掌握做事的本领，领悟做人的真谛。行业或者企业从事生产活动的场所发展为既是生产场所也是学习场所的双重角色地位。高技能人才培养呼唤这种把用人部门既作为雇主又作为学习场所、既作为办学伙伴又作为办学者的做法。

企业为高职“双师型”教师提供的实习场所，本质上应该说是学习场所，使他们感受到了真实的职业场景，受到基本的技能训练，获得企业第一线的宝贵经验。尤其是在企业文化熏陶下，高职教师学到了许多书本上学不到的东西，更加了解了企业和市场，使自己从“知识型”教师向“知识技能型”教师转变与升华。另外，企业还为高职教师提供了经常接触生产技术、产品的实际机会。在教师走出教室、专业实验室，带领学生进入生产一线实习的同时，不仅可以检验学生的学习效果，还可以反思自己的教学效果，弥补课堂教学中的不足，最重要的是还能够在实践中发现新的研究项目，找到自己科研工作新的生长点，逐渐提高职业教育教学最需要的“双师型”专业素质，成为名副其实的高职教育“双师型”教师，能够培养出“零距离”上岗素质的学生。而最深层次的校企合作，就是双方联合开展技术革新，攻克技术创新的高地，从而达到高职院校培养高质量人才、企业实现高质量发展的双赢局面。总之，校企的合作或联姻，在高职教育大发展的今天，具有广阔的发展前景，只要双方能够准确定位，肯定可以做到扬长避短，优势互补。

一、建立产学研结合的“双师型”教师专业素质培训基地

加强校企合作，首先应建立产学研结合的“’双师型’教师专业素质培训基地”。采取一些有效的措施鼓励“双师型”教师到企业，或兼职，或挂职锻炼，或做访问工程师，并积极参与企业课题研究等，以提高教师自身的科研能力和创新能力。从企业聘用一些“专家能手”，成立“产学研结合教学指导委员会”，通过校企合作、产学互动，推动学校“双师型”专业素质教师队伍建设。教师所在部门指定专人负责新教师在企业培训内容的落实、调整；及时了解新教师培训状况，做好沟通、联络工作。新教师每月回到所在部门一次，向负责人报告培训状况。对企业的资格要求是，和新教师所教专业对口或基本对口；管理比较规范的大中型企业。培训前新教师要与企业、所在单位签订“企业培训协议书”，内容由三方共同商定。两个学期的培训结束后，新教师要撰写岗前培训总结报告。由人力资源部组织学院主管院长、学院学术委员会成员、所在单位领导组成考核组进行考核。考核合格者由学院颁发“天津中德职业技术学院新教师岗前培训结业证”，并准许上岗。

学徒制是技术传承的内在逻辑。大量实践证明，现代学徒制是适宜徒弟观摩学习直接经验，尤其是获得隐性知识的个性化学习模式，验证了现代缄默性知识传播与转化的理论。《国务院关于加快发展现代职业的决定》要求："开展校企联合招生、联合培养的现代学徒制试点，完善支持政策，推进校企一体化育人。"

二、建立高职"双师型"教师定期参加企业基本单位训练与职业实践机制

加强校企合作,还应该建立职教师资定期参加企业基本单位训练与职业实践机制。随着高等职业教育教学改革的逐步深入，传统的以"照本宣科"为主的教学方式再也不能满足现代社会的高等职业教育教学的需求，现代社会的高等职两元即学校与企业合作，共同完成新教师的培训任务。新教师在学校的角色定位是学生（有时也担任一些教学任务）；在企业的角色定位是学徒工（根据需要也可担当技术员或工程师的部分工作）。两段即校内段和企业段。其中，1 个学期的校内段培训包括认识学院、教学理论和教学技能培训、校内实训等 3 项内容。1 个学期的企业段培训包括了解企业产品的工艺流程、工艺装备、生产组织、企业发展概况和发展趋势，体验企业文化、生产氛围；学习所教专业的新工艺、新技术、新材料、新方法；熟悉相关岗位的职责、安全操作规程、用人标准、管理制度等。

教育教学要求高职教师擅长于把工作岗位及工作过程需要的知识和技能转换为利于学生学习的工作任务或模块及与之相应的学习环境，教师还能够引导学生在专业工作过程中进行自我建构式的学习。为了实现这一目标，高职"双师型"教师必须首先了解"与专业相关的职业（群）"，了解该职业（群）领域的"职业工作过程"。

然后通过安排高等职业教育教师直接参加"与职业有关"的企业的实际工作的训练，如到企业、事业单位实习，强化企业或事业单位的职业实践训练，使他们熟练地掌握与本专业相关的"典型职业的工作任务"和吸收"职业工作过程"的经验，并将这种企事业单位的实践训练贯穿于教师成长的全过程，即从高职教师入职初期的适应阶段到全方位积累教学经验的成长阶段，直到他们的专业素质趋于稳定的成熟阶段，并以此促进高职教师专业素质的增强。

在高职院校"双师型"教师培训的过程中，企业不能"深度"参与这些教师的培训实践，在一定程度上制约了高职院校"双师型"教师培训的效果。因此，为了提高高职院校"双师型"教师培训质量，一方面应制定并出台专门的"校企合作"培训高职教师的政策，另一方面应积极完善校企合作培训高职教师的"资金投入和运行管理机制"。国家层面上应尽快制定和出台专门的"校企合作"的规章制度，不仅要细化其中有关高职院校"双师型"教师培训的内容和条款，而且更关键的是要严格监管法

律法规的执行情况，防止各种规章制度和法律法规在执行过程中的偏离，真正使校企合作培训“双师型”教师达成“双赢”甚至是“三赢”的结果，让企业、院校和教师等相关利益者都受益。

学校应该从教师专业发展建设经费中拨出专款以确保教师在下企业脱产实习期间的工作待遇不变。教师下企业脱产实践期间，校内教学工作量计算应该由高职院校参照相应职务人员的工作量标准按时足额予以发放。这项规定可以在学校层面为“双师型”教师下企业脱产实习提供经济保障。教师下企业脱产实习的成本全部由高职院校承担，不仅让教师在工作量的计算与经济的收入上免除后顾之忧，也让企业摆脱额外负担，双方真正达到双赢。事实证明，有些职业院校为了提升“双师型”教师的专业素质，也确实做到了这一点。

三、国际经验给予的启示

发达国家都极其重视高职院校“双师型”教师的企业经历和实践经验，许多国家明确规定了对“双师型”教师企业实践经验的具体要求。以美国为例，“高等职业教育教师的资格证书”既可通过接受大学或学院的教育获得，也可通过“严格的程序”和“规定标准”积累工作经验获得。澳大利亚规定，TAFE 学院中的教师都要从有“实践经验的专业技术人员”中选聘，且规定教师有责任与义务定期到企业进行“技术实践”。日本、新加坡对高职院校“双师型”教师的工作经历也十分重视。在工作场所进行的提高教师实践能力的途径主要有：①直接进企业，教师可以从中获知实践领域存在的问题；②实地参观或考察，并将所看所想融入课程中，有助于学生了解如何把知识应用到工作中；③与企业界开展合作项目，以帮助教师亲身体验企业的发展变化，了解工人如何适应这些变化等。

第五节 高职院校“双师型“教师自我更新与提升的路径选择

一个人在精神上达到一定境界，脱胎换骨，往往需要外部和内部两种动力。上述国家层面及制度层面的规约属于外部动力，内部动力则是教师内心能量的放大。放大教师内心能量的途径是教师自我更新与提升的强烈需求。

在新教师最初教学的几年里，经常遇到的各种各样的困难或问题，比如教材问题、教法问题、课堂管理问题、与家长及学生沟通交流的问题、教学语言问题等。

把教师紧紧束缚在知识传递位置上的传统教育教学的做法已不再适应教育，尤其是高职教育发展的需要，知识经济时代迫切要求高职的“双师型”教师由知识的传递者转变为教育实践的研究者。

一、制定符合“双师型”教师实际情况的生涯发展规划

科学的符合“双师型”教师实际情况的生涯发展规划是教师个人发展及成长的蓝图。蓝图的科学性及预见性可以确保教师走在正确发展之路上。

发达国家非常注重教师职教师资培养培训体系。英国要求必须对新职教教师进行入职辅导,并在每个学期末对其进行考察。美国各州的职教教师入职教育虽然有所差异，但大多数学校的职教教师“入职引导计划”都包括辅导教师制、学习型共同体、专题研习班、教师评价等具体实施策略。新加坡、澳大利亚等对职业教育教师的在职培训和继续教育也非常重视。

教师职业发展与成熟水平可分为角色确认阶段、角色适应阶段、角色成熟阶段、职业发展高原阶段、发挥骨干作用阶段共五个阶段，并详细分析了不同发展阶段教师的主要表现和特征。①也有研究者将教师从职前到成为骨干教师这个过程，分为五个阶段：职前阶段、适应阶段、成熟阶段、徘徊阶段和骨干阶段。并且就这五个教师发展阶段来分析职业学校教师教学能力的培训问题。②借鉴这一教师专业发展五阶段论，即职前阶段、适应阶段、成熟阶段、徘徊阶段和骨干阶段，认为高职院校教师应该做出如下生涯规划。

首先，高职院校“双师型”教师应规划自己“专业知识更新”的长效机制。根据教师专业发展阶段理论，一个教师在教学的头几年，处于适应阶段，是新手教师的身份，随着时间流逝、教学经验的增加，教学效果会不断上升，包括对教材内容越来越熟悉、教学技巧提升、课堂管理能力增长，逐渐达到熟手教师水平。但教学五六年后，教师的知识和教学方式固化，教学水平就会停滞或下降，处于一个高原期阶段，甚至有的教师会产生职业倦怠。这时候唯一能够消除职业倦怠的方式是吸收新知识，即教师必须边工作、边学习，或工作一段、学习一段，使接受教育和参加工作相互交替地进行，不断相互回归。周期性地循环教育和工作，可使教师不断更新知识，更新教学方法，使教师的知识成为有源头的活水，防止职业倦怠。

高职院校“双师型”教师在专业知识学习内容方面，应对新产品、新材料、新工艺、新技术有所了解或掌握，及时根据需要补充学习新的技术、知识；在组织形式方面，可灵活多样地采取“短期与长期相结合”“脱离与在职相结合”的方式。尤其随着微课、慕课、超星视频、网易公开课、爱课程等的兴起，教师也可以采取“现场与网络互补”的方式接受培训。

其次，高职院校“双师型”教师在教育知识学习方面，也应该及时补充最新的科研成果、教学方法。如前分析，在我国的高职院校教师培养与培训中，一个普遍存在的现象是相关教育理论的研究较为薄弱及相关师资培养培训课程的缺乏导致职业教育学相关知识内容的缺失和不足。因此高职院校“双师型”教师应主动学习国家层面组织开展的关于高等职业教育学的前沿的专项研究成果，追踪针对高职院校“双师型”教师培养与培训的相关课程及培训内容，还应及时补充针对自己所教授专业及其相关的职业领域的“专业教学论”及“专业教学法”，以确保自己不仅具备“通用教学论”及“教育心理学”知识，还能够掌握不同于普通教育的“高等职业教育教学法和教学论”的知识。高职院校“双师型”教师在教育知识学习形式方面，可参加现有国家级和省级职教师资培养培训基地的课程更新培训，也可参加职业技术师范大学组织的相关培训。

最后，高职院校“双师型”教师应规划提升社会服务能力。社会越发展越需要探索高深知识的高等教育机构，探索经济问题、发展问题、环境问题、工业农业问题，以及人类自身的生存和发展问题等。教育的轮子一旦动起来，就会越转越快。

二、“双师型”教师个人积极参与企业实践

高职院校“双师型”教师的专业实践能力的素质是其从教的基础，是高职教师获得职业成功的前提，而“双师型”教师专业素质不是学校教育能独自培养的，任何人都不能仅仅依靠学校教育的专业积累成为优秀的高等职业教育教师，企业实践是高职教师成长的一个重要环节。

“情境性学习”的核心定义特征是“合法的边缘性参与”，即，“基于情境的学习者”必须是共同体的合法参与者，而不是消极的旁观者，同时他们的活动也应该在共同体成员工作的情境中进行。

行业企业的经历和岗位实践的经验在高职“双师型”教师的职前培养和在职培训中占据着极其重要地位，它是高职院校“双师型”教师的“专业知识”和“专业能力”的基本构成要素，对教师的教学技能形成和专业成长具有重要的促进作用。这是因为，学生的职业技能是在工学结合、校企合作的学习过程中形成的，而且，职业技术教育教学的规律是做中学，做中教，教学做合一的。教师职业发展的规律与经验也表明，企业工作的“经历”和“实践经验”是高职教师成为“合格教师”的必备条件之一。

要想获得较高的专业实践能力，教师必须参与到企业实践中，细心观察、模仿“专家”和“共同体”内其他成员的行为，学习并揣摩“共同体”内的行话，并开始按照“共同体”的标准来讲话和行事。随着时间的流逝，教师渐渐掌握了行业的知识、术语、经验与技能，

并在使用这些行业规则的过程中得到熏陶、磨炼、发展与提升，丰富了实践智慧。

在企业实践内容方面，针对行业核心业务的转变和地区经济结构调整对“企业发展前途”“技术革新”方向和高标准的从业人员能力提出的新要求，进行有针对性的培养和培训；利用寒、暑假等假期把青年教师送到企业、工厂、车间参加实践。当然教师到企业顶岗工作需要实施积累实际工作经验办法。

在企业实践的组织形式方面，既可采取教师走出去的策略，也可采取技术人员请进来的方式。所谓“教师走出去”，即职业实践能力缺乏的教师，要利用多种渠道，各种机会主动联系，利用自己的空余时间（寒、暑假）到相关企事业单位去挂职锻炼。同时充分调动和发挥企业的积极性，依托效益高、创新能力强、影响力大的知名企业，建立相对稳定的校企合办的高等职业教育“双师型”教师实习实践和培训基地，组织教师定期赴基地参加实践训练，有利于教师将真实职业环境中的经验积累迅速转化为教育教学资源进行传递。所谓“技术人员请进来”，即高职院校定期聘请来自企业单位的工程技术人员或管理人员来职业院校授课，举办有关前沿技术的讲座，聘其为兼职教师等。

三、积极提升“双师型”教师科学研究能力

科学研究能力的提升有利于“双师型”教师嵌入式学习的发生、专业的发展和专业素质的提升。科学知识变更速度加快，新技术发明应用到生产中过程也越来越迅速，职业流动是经常发生的事情，今后学生所从事的职业，是他们频繁换岗、回炉学习后重新就业产生的结果，因此许多职业都是“新的”，没有人能够预先详细了解未来所从事的职业岗位要求从业者必备哪些知识技能。传统的一次性教育将进化为各种各样教育内容与形式。职业技术教育也将成为一个终身的过程和需要。因此，以往那种狭隘的职业技术训练已变得不那么重要了。因为它只能适应静态社会，动态社会需要基础扎实、适应力强的人才。

职业结构和职业内容的变化，使包括高职教育在内的职业教育变得越来越系统和规范，也对高等职业教育教师的科研能力提出了要求。

在当前高职院校“双师型”教师政策支持力度不够、校企合作不太理想、社会认同度不高、高职院校“双师型”教师培训机制不完善的情况下，高职院校教师必须从实际出发，结合自身情况，积极开展科学研究工作，瞄准高等职业教育发展中的各种困境，在研究中发现问题、在研究中积淀知识、在研究中解决问题，以最快的速度提高自身专业素质，这不失为一种有效手段。

（一）高职院校“双师型”教师应积极发展应用科学研究能力

高等职业教育是教育与经济的接合部，是把科技成果转化为现实生产力的桥梁。教育与经济的结合，为应用科学的研究开辟了广阔的前景，也向高等职业教育教师提出了新的更高的要求。职业教育教师，不是单纯的教书匠，经济建设要求职教教师走出课堂、校门去参加自然科学、社会科学的创新、研究，以最新的科技成果充实和改善教学内容。高等职业院校一般都是当地人才培养和科技推广研究的中心。高职教育的特点是不断更新教学内容，如业已成熟的新技术、新工艺、新规程，使之符合当时当地的职业能力的需要。高职“双师型”教师若具备应用科学研究的能力，能够参加科技成果转化、技术改造、具体技术革新，服务于企业，既可以掌握企业的最新科技动态，提高自身的科技开发动力和创新能力，更新知识，又能使理论密切联系实际，大大增强高职教育的生命力，这样的教师培养出来的学生就会有更高的应用水平。

另外，整个社会都正处于积极的变革之中，科学技术迅猛发展，高等职业院校教师所学习的专业理论知识有可能在他刚刚走出校门从事教育教学工作的时候就已经有所发展，特别是一些与高科技结合紧密的专业，知识更新的速度会更快。②要提升高职“双师型”教师的质量与声誉，就必须使高职“双师型”教师成为研究者，这里的研究者主要是指高职“双师型”教师研究自己的教学和职业实践并研究如何更好地指导学生，使产学研结合。本质上讲，教学与研究是一枚铜钱的两面，不是水火不容的两极，从根本上是不可分的。高职院校中教学与研究二者是相辅相成、相互促进、互惠互利的关系。

提高专业技术应用能力具体来说有两种途径：①根据市场经济与竞争需要进行教学内容开发和课程开发，对教学方法进行改革；②参与“新产品”“新技术”“新工艺”“新流程”等的开发、利用和推广。这些研究和创新也是要和高职教育相对应的。

积极参与科研项目，以及科技创新实践，对于青年教师来说也是提高自身专业技术应用能力的有效途径之一。

（二）高职院校“双师型”教师应积极发展职业教育科研能力

“双师型”教师从事的高职院校教学活动中是一个动态的、复杂的过程，既有理论教学，又包含实践课程。这就要求教师在教学中善于发现问题，研究与学生的沟通方式、更新教学内容、改进教育方法，以提高职业教育教学质量。这就是一个教育教学的研究过程。

由于高等职业教育起步较晚，与普通高等教育比起来，教育理论的研究薄弱得多。高等职业教育既与普通高等教育有共同之处，又有自身的规律和特点。这就需要高等职业教育教师既要学习和掌握普通高等教育理论知识，又要努力探索和研究高等职业教育的理论，以指导教学、科研、生产经营，使高等职业教育更好地服务于当地的经济建设。

近年来，随着高职院校“工学结合、校企合作”办学模式得到广泛认同，“教学做一体”项目化教学在专业课程教学设计中广泛推行，通过项目化教学模式展开教学，能鲜明地体现高职“教、学、做”相统一的教学理念。湖南科技职业学院高坤老师经常把自己已经研发或正在研发的项目作为教学案例和素材，从项目的研发、管理、推广等多个层面，分析项目流程，总结成败得失，让学生身临其境，主动参与教学，获得更多的感性认识。高坤说：“要想让学生成为熟练的渔夫，教师自身应该是善于捕鱼的高手。”

四、构建“双师型”教师学习型教学共同体

“学习型教学共同体”的概念经历了一个发展过程。它最早出现在美国进步主义教育运动时期，是对传统的以“课堂—教师—书本”为主的课堂听讲式教学模式的一种变革。学习型教学共同体有利于“双师型”教师汲取集体智慧，找到自己的不足。它能够使教师在团队中分享彼此的教学经验，共同成长。20 世纪 90 年代以来，学习型教学共同体在美国大学和社区学院得到普遍推行，并取得较好的成就。

学习型教学共同体旨在改变传统的教育模式，即从孤立走向合作，从被动的接受转向主动的创建和互动传递，从将教育的权宜之计转向在教育中的相互影响，体现一系列价值观和行动方式。高职院校建构学习型教学共同体有利于提升“双师型”教师专业素质。

教师所在的任职学校的教师应结合成有效的学习型教学共同体，而且它应当成为教师专业发展的重要载体。

（一）学习型教学共同体可以促进高职院校“双师型”教师进行“专业教育教学实践”

“双师型”教师要与其他任课教师、教师团体、专业教育团队、行业企业单位、社区和家庭等不同层面、不同类型的机构和主体建立不同深度的合作关系，这种多维立体的合作关系使高职院校教师不再是一个单一的教育者，而是学习型教学共同体中的一员，这种“学习型教学共同体”能够大大促进高职院校“双师型”教师自己的“专业教育教学实践”。

（二）学习型教学共同体可以提升高职院校“双师型”教师工作满意度

在学习型教学共同体中，“双师型”教师一起工作，互相学习，分享彼此的经验，

“共同教育学生”。教师参与其中的程度越高，学习水平提升得越快，与其他教师的关系将更融洽，而且还能激发其“探索其他教师的教学实践的兴趣”。更为重要的是，教师还可以在集体智慧中体验到满意感。

（三）学习型教学共同体可以提升高职院校青年“双师型”教师的教育理论与经验

教师可以通过自主学习有关教育教学理论，向教学经验丰富的教师请教，观摩优秀教师的课堂，提升教育理论与经验。对于刚毕业的年轻教师，应向企业的生产、管理一线虚心学习有关新产品、新工艺、新材料、新设备、新技术的知识和技能并了解职业岗位中最新产生的对技术、技能的新诉求。无论是哪一种类型的教师都应避免成为机械的教书匠，而应努力成为教育家、反思型实践者。其实在哪一行都有“家”与“匠”的区分。刚毕业的年轻教师还可以与其他教师一起探讨教学问题，分享“教学策略”，尝试运用“新的教学方法”；另外，还可以与其他教师建立“动态的联系网”，比如建立在线学习专题、组建教师联盟或教师专业团体等，以便及时了解本专业领域产生的新思想、发生的新变化。

（四）学习型教学共同体的另一重要意义在于增进教师“对共同体的强烈融入意识”

因为共同体中的教师有共同的目标，对教学现状进行反思提出问题，寻求新的教学方法，提高教学效果。对于新教师来说，参与到由优秀教师构成的共同体中，产生优秀经验代际流动，其本身就具有教育性，新教师的经验会有日新月异的提高。对于从行业企业聘请的兼职教师来说，学习型教学共同体即是成功的导师，促进教师间更紧密、有效地合作，能鼓励教师分享知识和教学方法，增加教师间信任，共同分享教学满意的结果，促进“参与能力”的形成。

五、提升“双师型”教师的反思能力

高职院校“双师型”教师专业素质提升一定要珍视教师原有的经历和经验，要在教师原有经验及反省基础上，通过反思和实践，实现实践知识、操作智能的重新建构。所以“经验＋反思”是高职院校教师专业素质提升的最有效途径。高职院校“双师型”教师只有不断地研究新问题、探究新情况、适应新环境，不断反思自己的实践经验、教育教学行为，才能促进自己的知识提升、经历沉淀、经验增加、能力增强及专业服务水平的提升，先进的高等职业教育理论也只有在教师个体与其自身具体职业实践情境和工作经验反思结合起来的条件下，才能得到有效的运用。高职院校的教师一定要做个时刻反省、反思的教师。

“反思型”教师，即在日新月异变革的信息化社会，树立终身学习的理念，深刻地反思、反省高职教育内容和教学方法；必须从传统执鞭任教的“知者”转变成现代教书育人的“智者”，倡导与时俱进的反思型、学者型、创新型教师的时代形象，重要的是凸显“智慧”特征。“反思型”教师首先应该是自我批判者、不断学习者、深入研究者，教师传递给学生的不仅是知识与技能，更重要的是培养学生的学习本领、创新精神和实践能力，有助于启导、培养、发展现代青少年的创造性、适应性和自主性。

第六节　产教融合与校企一体化的师资队伍建设

专业是高职院校人才培养的载体和平台，专业建设是高等职业院校的核心工作。专业建设的核心是师资队伍建设，师资队伍建设的目的是专业发展，两者相辅相成。因此，在师资队伍建设中必须树立“队伍建设服务专业建设、专业建设促进队伍建设”的思想，达成按专业建设主线有序配置师资队伍资源的共识，建立起分层次分重点、共同目标共同投入的人才引进和培养机制；全面实施“以人为本，人才兴校”的发展战略，创新师资管理模式，建立有利于优秀人才成长和施展才华的运行机制，改善和优化师资队伍结构，努力开创师资队伍建设新局面。

一、高职院校师资培养现状分析

经过多年的努力，高职院校在教师队伍建设方面已取得了很大的成效，为高职教育的进一步发展奠定了较好的基础，但仍然不能完全适应高职教育改革发展的要求，还面临着不少的矛盾和困难，存在着一些亟须解决的问题。

（一）高职院校师资队伍建设存在的问题

1. 师资队伍结构不能适应人才培养的新要求

高职院校师资队伍结构主要表现在教师的年龄、学科、职称等方面，它直接反映出教师队伍的质量、能力和学术水平等基本状况，是高职院校师资队伍中可量化的要素。高职院校师资结构的合理性是反映高职院校教师队伍的质量和适应高职教育需要能力的重要标准，它影响着高职院校的教学与科研的整体质量。我国高职院校师资队伍不仅总体数量较为匮乏，并且在结构上也需要优化。

目前从整体情况来看，高职院校教师队伍的结构在年龄、学科、职称分布上都存在着不平衡性。从年龄结构看，目前我国高职院校教师结构老、中、青的数量比大体为 1.4 ∶ 2.6 ∶ 6.0，呈现出“金字塔”形，这很不利于教师的新老交替。从专业结构看，由于我国高校学科划分过细，造成高校教师知识面较窄，从而无法承担跨专业的教学工作，不能满足高职教育发展的需要。此外，由于新增专业和部分老教师的退休，使高水平拔尖人才的带头人和骨干教师数量不能适应专业的发展，造成专业梯队、科研团队数量少，部分专业整体教学、科研实力较弱，影响师资队伍创新能力的提高。从职称结构上看，全国各高职院校中高级职称教师占教师总量 30% 左右，中级职称教师占 25%，助教及见习教师占 45%。高级职称教师比例尚可，中级职称教师比例明显偏小，初级职称教师比例过大。从师资数量上看，师资总量相对不足，使教师不得不疲于应付教学工作而影响教学质量的稳步提高和教师创新能力的培养。

2. 年轻教师实践技能滞后

随着高职院校办学规格的提升，师资队伍的组成和来源发生了很大的变化，越来越多学历层次高的青年教师从学校毕业直接加入到教师队伍中来。他们的知识结构较新，专业理论水平相对较强，但实践技能薄弱，不能很好地胜任教学工作。此外，我国高校与企业的联系不是很紧密，教师在校学习期间与所学专业依托的行业或企业的联系并不多。尤其是随着企业技术进步、产品更新速度加快，与国际行业接轨并直接参与竞争，知识产权意识明显增强，教师与企业技术人员的交流和互动有限，直接影响教师实践能力的培养和提高。

3. 教师教育创新的思想和活力不强

高职院校教师由于受到传统教育观念、自身能力等各种因素的制约，创新的教育思想和活力不强。主要表现在：一是对学生采用灌输式教学，衡量教学效果主要看学生对知识掌握的程度，重视基础知识的传授，轻视对学生学习兴趣、思维活力和创新精神的培养。二是按照统一的标准和要求教学，只重视学生的同一性和规范性，忽视学生的多样性差别，缺少对学生主体性和个性化的充分认识，对学生的新思维和创新能力培养力度不够，教学内容陈旧，教学方法不够合理。三是由于教师课程负担较重、创新训练不够和参与科研项目较少，造成师资队伍整体创新能力不强。

（二）高职院校师资培养的对策

高等职业教育的目标是培养生产、建设、管理、服务第一线的高素质技能型专门人才，这对高职院校教师的培养提出了更高的要求：既要建设一支理论基础扎实、技术应用能力较强的“双师型”教师队伍，又要建设一支实践能力强、教学水平高的兼职教师队伍。所以，高职院校师资队伍建设应该关注以下几个方面。

1. 注重高职院校自身教师培养机制建设

高职院校应探索建立适合自身特点的教师培养培训体系，将职前培训、入职培训和职后培训进行有机的统一，采取灵活多样的培训形式，为教师各项业务能力的提高提供有利的平台和广阔的发展空间。高职院校应根据教师专业发展不同阶段的要求，把教师的职前培养、入职教育和职后培训作为一个连续的、统一的、终身化的发展过程来看待。职前培养重在基础，入职教育重在适应，职后培训重在提高，要在终身学习理念和资源共享原则的指导下，实现在不同阶段上不同教师教育培训机构之间的衔接、整合与重组，促进教师在整个职业生涯中不断提高专业化水平，从而建立完善的教师培养培训体系。将教师教育作为一个专业、系统、连续的培养培训过程，是探索新时期教师教育改革的一个突破口。

2. 搭建起高职院校师资培养平台

要建立师资培训的组织机构和专家队伍。一是以精品专业和核心课程体系建设为抓手，加大培养专业带头人和骨干教师的力度，努力打造优秀的教学团队。这是实现高职院校师资自身培养效果和提高教学水平的关键。二是要注重强化实践技能，培养“双师”素质教师。努力提高教师的实践教学能力，制定相应的鼓励政策，完善管理，要求专业教师尤其是青年教师每隔一两年到企业一线挂职实践一定时间，丰富教师的实际工作能力；资助教师参与产学研基地的技术服务或应用技术研究，培养教师的科研能力；要求并鼓励教师拿到国家劳动部门认可的中高级技术等级证书，不具备“双师”素质的教师不得承担专业课程的教学和指导学生的实践教学。三是还要规范兼职教师的管理与队伍建设。建立外聘兼职教师档案，完善兼职教师考核制度，进一步推进兼职教师的聘任和管理制度化、规范化；扩大兼职教师比例，逐步形成实践技能课程主要由具有相应高技能水平的兼职教师讲授机制，学生在校外实习或顶岗实习过程中，主要依靠兼职教师指导。

3. 依托国内名校加强师资队伍的培养

知名高校的优质教学资源对高职院校的师资队伍建设具有十分重要意义，借力于它，可以对高职院校师资培养发挥不可或缺的作用。一是知名高校拥有一批具有良好的理论教学水平和科研开发能力的教授和专家，这是开展高职院校专业师资培养的重要力量。二是知名高校具有悠久的办学历史和文化底蕴，有比较成熟的教学管理、学生管理、师资管理经验，学习借鉴知名高校的这些有益经验，是高职院校提高教学管理队伍水平、提升办学能力的一个有效途径。三是知名高校拥有良好的科研机构、科研设施和科研开发能力，这是高职院校开展“院校合作”，提高专业师资的技术研发能力，培养“双师”素质教师的重要保障。另外，知名高校的优秀毕业生也是高职院校师资的重要来源。因而，高职院校在师资培养方面可以建立起与知名高校合作的创新平台，以人才培养、专业建设、科技服务为重点，以项目为基础，努力形成“多向参与、优势互补、互惠互利、共同发展”的良性运行机制。学院还应努力探索“访问学者”、教师在职攻读硕博学位等进修方式，鼓励和派遣中青年教师，通过到知名高校研究所（研究中心），围绕课题及科研项目跟随导师进修学习，提高青年教师的技术应用和科学研究能力。

4. 加强优秀人才的引进

要大力加大人才引进的力度，吸引高层次人才加盟学校，尤其要围绕专业和团队建设，注重引进高层次领军人才、具有海外工作背景和博士学位的人才，促进多学科融合交叉，增强师资队伍整体创新意识。聘请大师级人物对专业建设和人才培养进行指导，必要时可采取“柔性引进人才”机制，坚持“不求所有，但求所用”理念，尽快提高专业带头人和人才梯队建设。同时，要积极引进有行业、企业工作经历的专业人才，加大兼职教师队伍建设力度，努力聘请各行各业的能工巧匠和专业技术人才担任兼职教师,从而构建一支高质量的双师结构教学团队,提高师资队伍建设的整体水平。

5. 实行开放式师资队伍的培养与交流

我国要建设的是具有中国特色的社会主义市场经济体制。在市场经济体制下，人力资源也日益市场化，因而高校教师的合理流动也就成为一种必然的趋势。高职院校应紧紧抓住机遇，充分运用市场竞争机制，优化教师资源配置。一是提倡和鼓励教师跨校供职、任课，与企业、科研院所、工程技术单位、管理部门专门人才双向兼职，建立学校之间、学校与其他单位之间人才共享机制。本着“不求所有，但求所用”的师资管理新理念，通过有长期、有短期、有特聘、有客座、有兼职等“软引进”形式，实现人才智力、资源的柔性流动。二是利用校企合作平台，与企业建立教师培养机制，加强对产学研指导，使专业带头人、教学团队和企业结成战略联盟，使双方优势互补，实现双赢。一方面，每年定期选派中青年教师下企业锻炼，参与工程实践和科学研究；另一方面聘请企业资深技术专家授课、讲学、交流，增强教师工程实践能力。鼓励教师多层次、宽领域、全方位参与国内外科技合作与交流，增强教师的创新能力。三是选派中青年骨干教师参加国内外学术交流和培训研修。为教师提供出国进修、参加国际会议的机会，让教师最大限度地获取前沿学科知识，学习先进的教育思想、教学方法和技术，更新理念，提高业务能力和科研水平。加大国际合作交流力度，邀请国外知名高校学者授课、讲学、交流，提高教学团队的国际化水平。

二、学园城联动师资队伍建设的研究与实践

（一）创新构建“双岗、双薪、双师”的教师队伍管理机制

具体来讲，就是为培养双师素质教师，特别是为提高年轻教师的专业实践能力，发挥学园城联动办学的优势，挖掘各方资源，教师可以有双重岗位、双重收入，真正成为双师素质。其中，“双师”即既是学院的老师，又可以是企业的工程师，是真正意义的双师型教师；“双薪”即既可以有代课的薪酬，又可以有企业项目开发的薪酬；“双岗”即既可以是学院教师岗，又可以是园区企业的工程技术岗。

（二）“双岗、双薪、双师”的教师队伍管理机制的实践探索

实践中，学院通过制度创新、管理创新保障了双师队伍的建设，发挥了学园城办学的优势。

1. 依托园区企业，教师开展实质性的技能提升

依托于学院三大园区的电子信息研究院，以真实项目为载体，让专业教师和学生通过完成真实项目提高技能，不仅有利于教学模式创新，而且也是教师自我成长团队建设的重要途径。

学院的岗位设置有教师岗位、科研岗位，教师可以自愿申请“教师科研岗位”，该岗位教师需要完成的教学工作量比专业教师少，需要完成的科研工作量比专职科研人员少。余老师入驻电子信息研究院后，申请转为“教师科研岗”，在系部他是专任教师，在研究院他是项目工程师，其收入也是“双薪”，每天除上课外，都在园区工作室与团队师生开发项目。近年来研发团队开发了按摩椅控制系统、招飞视力检查仪、Wi-Fi 物联网报警器、智能视力检查仪、地掷球比赛计分系统、眼底荧光造影机同步采集控制装置、足浴店点钟系统、大功率无线照明控制系统等企业横向项目。

依托园区的“双师、双薪、双岗”教师培养机制创新，需要有相关的管理创新和制度创新为之保驾护航；还要有配套的教学管理创新以最大限度地发挥项目研究的效应，学院教学管理推行学分制、学分替换、课程免修等举措，确保科研与教学的深度结合。

2. 依托地方政府，通过挂职锻炼提高综合能力

为了适应专业建设和教学创新需要，改善教师自身单一的知识结构，提高教育教学水平，进一步提高专业社会服务水平，发挥高校人才库和智力源的作用。

学校虽然是知识的海洋，同时也是象牙塔，接触的人与事非常单一，造成教师的

视野局限性。通过挂职锻炼，教师走出校门，与社会、行业、企业密切接触，用心感受不一样的人和事，开阔了视野，开阔了知识面。通过挂职锻炼深入社会、行业、企业一线，真正了解社会、行业、企业需要什么样的人才，根据需求优化所授课程的教学内容，根据技能特点，创新所授课程的教学模式，使课程改革取得实质性成效。

从学校毕业到学校教学的老师，普遍存在实践经验不足、案例不丰富、讲解缺乏趣味性、教学缺乏创新等问题。通过挂职锻炼，丰富了教师的人生阅历，丰富了实战经验，丰富了课堂案例，使得课堂变得风趣。同时，鲜活的案例及丰富的经验融入教学，为课堂创新提供了支持，使课堂增添了活力。

第六章　产教融合背景下创新创业指导

第一节　创新创业的社会环境

一、大学生创业概述

（一）大学生创业定义

1. 创业的定义

创业是创业者对自己拥有的资源或通过努力对能够拥有的资源进行优化整合，从而创造出更大经济或社会价值的过程。创业作为一个商业领域，以点滴成就点滴喜悦，致力于理解创造新事物（新产品、新市场、新生产过程或原材料、组织现有技术的新方法）的机会如何出现并被特定个体发现或创造，这些人如何运用各种方法去利用和开发它们，然后产生各种结果。

创业是一个人发现了一个商机并加以实际行动将其转化为具体的社会形态，从而获得利益，实现价值。

2. 大学生创业的定义

大学生创业是一种以在校大学生和已毕业大学生的特殊群体为创业主体的创业过程。随着近期我国不断走向转型化进程以及社会就业压力的不断加剧，创业逐渐成为在校大学生和已毕业大学生的一种职业选择方式。

大学生作为我国的年轻高级知识人群，有着较为丰富的知识储备和相较于其他高级知识分子所欠缺的创造力，是符合我国“十三五”规划的创业主要人群。但因为大学生这个群体社会实践经验与能力的欠缺，与创业的成功要素相矛盾，导致大部分大学生创业在初期就自行夭折，使大学生创业成为国家和社会共同关注的话题。在“十三五”规划中，也针对这个现象有着相应的论述，给大学生创业这个创业过程带来了众多的机遇与挑战，大学生创业也将在这些机遇和挑战中走向新的高度。

3. 创业的类型

随着经济的发展，投身创业的人越来越多，《科学投资》调查研究表明，国内创业者基本可以分成以下类型。

（1）生存型创业者。

生存型创业者大多为下岗工人，失去土地或因种种原因不愿困守乡村的农民，以及刚刚毕业找不到工作的大学生。这是中国数量最大的创业人群。清华大学的调查报告显示，这一类型的创业者占中国创业者总数的 90%。其中许多人是被逼上梁山，为了谋生混口饭吃。

一般创业范围均局限于商业贸易，少量从事实业，也基本是小型的加工业。当然也有因为机遇成长为大中型企业的，但数量极少，因为国内市场已经不像 20 多年前，如刘氏四兄弟、鲁冠球、南存辉他们那个创业时代——经济短缺、机制混乱、机遇遍地。如今这个时代，用句俗话来说就是狼多肉少，仅想依靠机遇成就大业，早已是不切实际的幻想了。

（2）主动型创业者。

主动型创业者可以分为两类，一类是盲动型创业者，另一类是冷静型创业者。前一类创业者大多极为自信，做事冲动。这类创业者与博彩爱好者很相似，喜欢买彩票、博弈，却不太喜欢检讨成功概率。这样的创业者很容易失败，但一旦成功，往往就是一番大事业。冷静型创业者是创业者中的精英，其特点是谋定而后动，不打无准备之仗，或是掌握资源，或是拥有技术，一旦行动，成功概率通常很高。

（3）赚钱型创业者。

赚钱型创业者除了赚钱，没有什么明确的目标。他们就是喜欢创业，喜欢做老板的感觉。他们不计较自己能做什么，会做什么。可能今天在做着这样一件事，明天又在做着那样一件事，他们做的事情之间可以完全不相干。甚至其中有一些人，连对赚钱都没有明显的兴趣，也从来不考虑自己创业的成败得失。奇怪的是，这一类创业者中赚钱的并不少，创业失败的概率也并不比那些兢兢业业、勤勤恳恳的创业者高。而且，这一类创业者大多过得很快乐。

（4）创意创新创业型创业者。

此类创业模式对创业者的个人素质要求很高，创业成功往往形成独角兽企业，有时形成新的业态。

创业者首先要处理好创意、创新、创业三者的关系：常规思维及创新思维产生创意，创意是创新的基础，创意是创业的动力源之一，创新与创业的结合形成新的生产方式，良好的创新创业氛围更易激发人们的创意，创意创新创业完美组合的链条是推动各业发展、社会繁荣的重要源泉；其次是配置资源。

（5）迭代创业。

互联网时代认知迭代、产品迭代、组织迭代、营销迭代，处于不断迭代的创业模式。互联网迭代创业的认知标准是打造超级 IP，企业要在细分市场建立一个高维度且富有想象力的认知。让大市场明白你到底是什么，让用户知道你是先进的还是落后的，你的认知能力是否提升到可以有布局未来。认知迭代就是企业 IP 面向未来的旗帜。

（二）大学生创业的优劣分析

1. 优势

（1）大学生往往对未来充满希望，他们有着年轻的血液，充满激情以及“初生牛犊不怕虎”的精神，而这些都是一个创业者应该具备的素质。

（2）大学生在学校里学到了很多理论性的东西，有着较高层次的技术优势，而目前最有前途的事业就是开办高科技企业。技术的重要性是不言而喻的，大学生创业从一开始就必定会走向高科技、高技术含量的领域，“用智力换资本”是大学生创业的特色和必由之路。一些风险投资家往往就因为看中了大学生所掌握的先进技术，而愿意对其创业计划进行资助。

（3）现代大学生有创新精神，有对传统观念和传统行业挑战的信心和欲望，而这种创新精神也往往是造就大学生创业的动力源泉，成为其成功创业的精神基础。大学生心中怀揣创业梦想，努力打拼，最终创造了财富。

（4）大学生创业的最大好处在于能提高自己的能力，增长社会实战经验，以及学以致用；最大的诱人之处是通过成功创业，可以实现自己的理想，证明自己的价值。

2. 劣势

（1）由于大学生社会经验不足，常常盲目乐观，没有充足的心理准备。对于创业中的挫折和失败，许多创业者感到十分痛苦茫然，甚至沮丧消沉。大家以前创业，看到的都是成功的例子，心态自然都是理想主义的。其实，成功的背后还有更多的失败。看到成功，也看到失败，这才是真正的市场，也只有这样，才能使年轻的创业者们变得更加理智。

（2）急于求成．缺乏市场意识及商业管理经验，是阻碍大学生成功创业的重要因素。学生们虽然掌握了一定的书本知识，但终究缺乏必要的实践能力和经营管理经验。此外，由于大学生对市场营销等缺乏足够的认识，很难一下子胜任企业经理人的角色。

（3）大学生对创业的理解还停留在仅有的一个美妙想法与概念上。在大学生提交的相当一部分创业计划书中，许多人还试图用一个自认为很新奇的创意来吸引投资。

这样的事以前在国外确实有过，但在今天这已经是几乎不可能的了。投资人看重的是你的创业计划真正的技术含量有多高，在多大程度上是不可复制的，以及市场盈利的潜力有多大。而对于这些，你必须有一整套细致周密的可行性论证与实施计划，绝不是仅凭三言两语的一个主意就能让人家掏钱的。

（4）大学生的市场观念较为淡薄，不少大学生很乐于向投资人大谈自己的技术如何领先与独特，却很少涉及这些技术或产品究竟会有多大的市场空间。就算谈到市场的话题，他们也多半只会计划花钱做做广告而已，而对于诸如目标市场定位与营销手段组合这些重要方面，则全然没有概念。其实，真正能引起投资人兴趣的并不一定是那些先进得不得了的东西；相反，那些技术含量一般但却能切中市场需求的产品或服务，常常会得到投资人的青睐。同时，创业者应该有非常明确的市场营销计划，能强有力地证明盈利的可能性。

二、大学生创业基本能力

（一）大学生创业具备的基本能力

1. 自我认知及科学规划

这一点对年轻人来说，是不容易实现的。尤其是大学生刚出校门，对社会和自己的认识还非常有限。要想清楚地知道自己以后的发展方向，仅靠自身的苦思冥想是找不到答案的。最好的办法就是通过观察别人，征求“过来人”的意见，再结合自己的实际情况制订一些小的目标，通过确定和实现这些小目标，再慢慢地开始规划自己的人生。

在创业过程当中，要经常性地提前计划或规划一些事情。在制订计划的时候一定要综合各种因素，形成切实可行的动作分解，要将任何可能的细节都考虑在内。而在实施的过程当中要针对当下的具体情况进行，适时做调整。运营需要强有力的计划管理能力，只有具备这一能力才能让自己更靠近成功创业之门。

2. 胆识和魄力

作为创业者，你就是团队的灵魂。团队运营后，甚至在筹备之初就会面临各种各样的决策，你的一举一动都左右着创业的发展走向和兴衰。前期创业者可能会广泛地征求亲朋好友的建议，一旦自己能够独立自主后，就必须要通过自己的智慧和胆识去决定各种大小事务。当在自主地做出决策时，谨慎是必不可少的，一旦优柔寡断可能就会失去一个绝佳的商机。同时，决策的胆识和魄力一定要建立在深思熟虑的基础之上，既要选择小风险又要兼顾利益最大化。

3. 团队管理、信息管理、目标管理

任何创业如同经营一家企业一样，需要制订各种制度。制度不在于多，而在于是否让所有相关人都能够明白其道理，并且严格执行。创业者需要针对自己团队实际情况建立各种有效的管理制度，包括店员管理、培训、绩效考核等。同时，针对市场的不断发展变化而改进相应制度，只有这样才能够让创业者及其团队立于不败之地，拥有发展的主动权。在此想提醒大学生创业者，在制订和改进管理制度的时候，一定要基于客观事实出发，而不要想当然，要极力保证制度的可实施性。

创业者每天都会通过不同渠道接触各种信息，如：竞争对手又开始降价了，明天要下雨，厂家又有新政策等。如何从大量的信息里筛选与自己相关的，再从与自己相关的信息里找到有效的，这需要长时间的锻炼。只有正确有效信息才能指导自己店铺各项工作有序开展。对于大学生创业者而言，由于缺乏大量的社会实践经验，所以在接触各种信息的时候,难免会有失偏颇地做一些决定。当大家对信息无所适从的情况下，可以向过来人进行请教，加以甄别。要在观察和请教别人的过程当中，不断提高自身管理信息的能力。

4. 谈判

在创业者人际交往过程当中，与人谈判的情况必不可少。谈判对创业者的要求是综合多面的，需要创业者有一定的语言能力、心理分析能力、人文素养等。要想在谈判当中占得主动地位，必须要有很强的谈判能力。杰出的谈判能力能够让创业者在谈判过程当中直接获得更多的利益。

5. 处理突发事件

创业过程当中，会不可避免地发生一些突发事件，而其中很大部分都是我们想避免的。然而当事情发生的时候，需要我们更为积极地应对。如果这些事情发生在创业者顾客身上，处理得当的话，还能起到广告效果。通过用心的服务会向顾客者传递一种负责任的形象。“好事不出门，坏事传千里”，任何一件突发的事件，稍加不注意，也会使自己的形象一落千丈，甚至砸掉自己的招牌。如何处理好每次的突发事件，化险为夷甚至通过这些事件的妥善解决，让顾客更加认同你或者你的团队，再借由顾客之口，为你不断传播好口碑。

6. 学习

在现代社会要想取得不断的成功，必须具备持续的学习能力。市场和行业的竞争日益激烈，大到一个企业、小到个人要想力争上游，那就必须比竞争对手更快地掌握更多的知识，通过不断的学习使自己处于不败之地。对于大学生创业者而言，除了书本的理论知识，更要重视学习其他方面的综合能力。

7. 社会交往能力

良好的人际关系，不仅能给人生带来快乐，而且还能助人走向成功。大学生创业者在开始创业后必将会接触到各种不同类型、身份的人，而接触的人大多都是跟自己的利益攸关的。所以从创业最开始就要学会跟各种人打交道。要尽可能地去结交人脉，认识朋友，舍得给自己投资。在与前辈们的交流和学习当中不断认识到自己的不足，针对性地加以完善。

8. 保持身心健康

创业者经常是要与孤独和挫折为伴，绝大多数的创业过程都不是一帆风顺的。时下流行一个词“逆商”，也就是说人适应逆境的能力。创业者如何保持乐观而稳定的心态，需要在长时间的历练当中找到方法。而大学生创业者一般都比较心高气傲，有着强烈的自尊。建议刚毕业的大学生一样要放低姿态，平静地去接受一切可能的打击。同样，在得意时，也要克服骄傲的情绪，切不可沾沾自喜，妄自尊大。

身体是革命的本钱，创业者只有身体健康才能够支撑一切的打拼和奋斗。为事业拼搏而废寝忘食的精神非常值得肯定，但是终究不能视之为常态。大抵年轻的创业者都会精力旺盛，一旦投入工作中都很难自拔。在创业的过程当中一定要注意劳逸结合，切莫因为太拼而让自己的健康状况下滑。

（二）大学生创业具备的心理特质

大学生要想有创业能力，必须把握的核心能力如下。

1. 价值优越性

核心能力应当有利于企业效率的提高，能够使企业在创造价值和降低成本方面比竞争对手更加有优势。

2. 异质性

一个企业拥有的核心能力应是独一无二的，这是企业成功的关键因素。核心能力的异质性决定了企业之间的异质性和效率差异。

3. 不可仿制性

核心能力是在企业长期的生产经营活动过程中积累形成的，深深地印上了该企业特殊组成、特殊经历的烙印，其他企业难以复制。

4. 不可交易性

核心能力与企业相伴而生，虽然可为人们所感受到，但却无法像其他生产要素一样通过市场交易进行买卖。

5. 难以替代性

和其他企业资源相比，核心能力受到替代品的威胁相对较小。没有核心能力的创业不过是昙花一现。

（三）大学生创业提醒事项

1. 创业是修行，不是做学问

创业是修行，不是做学问。修行重在实践与行动，在修行中体验、见证与感悟。做学问则往往是抽象出具有普遍意义的规律与方法来指导大家。诚然万事皆有学问，但创业的学问重点不是在方法上。就如同宗教信仰，要去修行，而不是读相关的书。如果你总是在读一些相关的书，讲一些道理，而没有真的去“信”，实际是无法真正理解信仰的。创业也是一样，一些人总是想搞清楚什么是创业、该如何创业，期望把创业的学问研究透再去创业，最后却一直没有创业。

听说不少高校都打算开设创业课程，还有的成立创业协会和创业训练营，有一些还推出了创业 MBA、创业研究生课程。这些创业学课程如果不是围绕行业特征、产品策划和团队建设来进行的话，则只是成功学的翻版。

2. 打消“第一桶金”思维

许多年轻人都非常对创业成功者的“第一桶金”感兴趣。第一桶金，指的是早先开展的某项业务，在极短的时间内赚到了相当可观的一笔钱，再用这一笔钱发展出了一个更大的事业，才会称那笔钱为第一桶金。

这里并不推崇“第一桶金”文化，不建议同学们对第一桶金那么感兴趣。因为崇尚第一桶金就是在崇尚成功学，崇尚不择手段地快速爆发，并且在骨子里并不是喜欢当前创业的项目，只是想借这个项目谋得一笔钱，然后转型做心目中另一个“又红又专”的事。要创业，就一定要选择自己愿意为之终身付出的事情来做，才有可能做好，定义为过渡性的事情，一般都做不好的。何况，大多数创业者都是从草根阶层开始，起点低、底子薄，如果能够找到一项事情，既能作为一项长期的事业来坚持，又能养活自己，就已经相当伟大了，对于赚得“第一桶金”，少些期待会更加务实。

3. 初创企业的早期股权结构无定式

初创企业的早期股权结构如何才合理？在这个问题上，没有标准的答案，创业者对于公司的股权不能不当回事，也不能太当回事。

美国知名杂志撰文说，19 世纪以来，世界上最伟大的发明，不是飞机、汽车、电脑或手机，而是“公司制”。说不能不当回事，就是创业者按照“公司”的理念来办事才是正道。公司的理念在本质上就是公司法人和股权治理结构。企业初创期合理的股权结构安排，会有利于企业长期发展和灵活扩张。有不少企业也是因为股权结构分散或者过于集中、股东矛盾等原因导致失败的。

说不能太当回事，就是创业者要正确地根据公司性质与估值来合理划分股份，不能想当然。股权结构设计上来说，初创企业有两种类型，一种是技术创新型企业，往往创始人团队无形资产价值较高，应保持占有 60% ~ 70% 股份启动创业，财务投资人不宜占有超过 30% 的股份，并适当预留一部分股权作为员工激励。另一种是资金占用型企业，比如房地产开发、加工厂、实体店之类的，创始人团队的价值主要体现在运营管理上，技术含量有限，无形资产价值也有限，也很难形成技术壁垒，主要还是靠资本的力量来推动发展，这种情况下一般投资方会占有很大的股份额，管理团队可能拿 10%~20% 的股权激励就不错了。也就是说，并不是每一个项目上创业者、管理团队就一定能占有大股份的，要看项目而设定。

4. 创业不伟大，也不卑微

对于大学生来说，创业就是那么回事，创了就创了，没创就没创，算是命运的一种选择吧。不管对于创业的同学来说，还是对于没有创业的同学来说，都不必讲太多的大道理、必然性或者光环论。

创业，不是一件什么伟大的事。也许成功的创业在很多人看来是一种伟大。其实，谋好一份职业并能胜任，也是一样伟大的事。同样，创业也不是什么卑微的事，哪怕找不到工作被逼得走投无路只得自己创业，也很正常。创业是最有效的学习方式，就算是创业失败了，你的经历一定很有含金量的。

很多大学生创业，真正挽起袖子来干时，实际上还是那股子傻劲，并不是一个从战略到规划，从理性到辨析的过程。也就是说，大学生创业，大多数还是想当然开始的，许多人会经历很大的挫折。也有一些人会遇上好运气，然后兴奋地折腾上一段时间，伤痕累累地收场。与之不同的是，对于有了几年工作经验，或者有过创业经历的再创业者来说，往往创业是为了实现梦想，这时候管理意识和经营理念也大大增强，一般都会由目标驱动，通过计划来掌控，以成功的模式来引导发展。而那些有了大成就的人，他们的创业则更多的是使命感，是认为存在那么个事比较适合自己去做，通过做这个事来保持生活的热情和成就感。

5．成功到底要多久

每一个创业者，无论是不是大学生创业者，都怀揣成功的梦想，都是在追求成功。然而，创业的红旗能够打多久，距离成功的路到底有多长，真是一个无法预测的问题。

成功往往就在不经意的转角处，是说创业者的成功，没有谁是一帆风顺的，都会面临一些难题，面临一些重大的困难。这个时候最是考验创业者，这段经历往往也是成功的试金石。啃啃硬骨头，拿下这些难题，企业就上了一个新的台阶，又成长了一步，离成功就会更近一步。

也许，我们创业的路上，永远都没有成功的感觉，只会是一路相陪的挫折感和完成一个任务后的成就感，这可能就是创业，这可能就是生活。因此，创业并不仅仅考验一个人的成功观与事业心，更考验一个人的生活观。

三、大学生创业的社会环境

（一）大学生创业教育

1989 年底，联合国教科文组织在北京召开的“面向 21 世纪教育国际研讨会”上首次提出并讨论了“创业教育”的概念，将创业教育视为未来的人应该掌握的“第三本教育护照”。创业教育被赋予了与学术教育、高等教育同等重要的地位，其根本思想就是培养创业意识、创业品质、增强创业能力。

大学生创业教育就是以提高大学生综合创业能力为目的，培养具有创业意识、创业精神、创业人格、创业心理品质的高素质人才的教育。特别是培养大学生“白手起家”创办小企业（微型企业）的精神和能力，使更多的求职者变成工作岗位的创造者。和就业教育比较，创业教育不直接帮助大学生去寻找工作岗位，而是重在教给大学生寻找和创造工作岗位的方法。大学生创业教育不是简单的专业技能教育，其中心任务就是激发大学生将知识、技能转化为产业的意识和大学生个人内在的需求，它的核心是创新教育，以挖掘人的创造潜能、坚持以人为本、弘扬人的主体精神、促进个性和谐健康发展为根本宗旨。

西方发达国家普遍在 20 世纪 70 年代就开始进行创业教育的实践，而美国进行创业教育的历史已近 100 年，目前已完全系统化。我国的创业教育起步较晚，开始于 1998 年清华大学发起的“清华大学创业计划大赛”。1999 年，教育部制定的《面向 21 世纪教育振兴行动计划》对创业教育进行了部署，2002 年 4 月教育部确定中国人民大学、清华大学、北京航空航天大学、黑龙江大学、上海交通大学、南京大学、南京经济学院、武汉大学、西安交通大学 9 所大学作为创业教育的试点学校，开启了我国大学研究与实践创业教育的序幕。在我国，由于大学生对于创业的理解还存在误区，高校的创业教育体系、课程体系也不够完善，加上创业教育的师资匮乏，创业教育的外部环境也有待改善，可以说我们的创业教育才刚起步，需要做的工作还很多。2010 年，《国家中长期教育改革和发展规划纲要（2010—2020 年）》明确提出要推进高校创业教育，以《教育部关于大力推进高等学校创新创业教育和大学生自主创业工作的意见》

为标志，我国大学生创业教育进入了教育行政部门指导下的全面推进阶段。

（二）大学生创业方向

1. 高科技领域

身处高科技前沿阵地的大学生，在这一领域创业有着近水楼台先得月的优势，“易得方舟”“视美乐”等大学生创业企业的成功，就是得益于创业者的技术优势。但并非所有的大学生都适合在高科技领域创业，一般来说，技术功底深厚、学科成绩优秀的大学生才有成功的把握。有意在这一领域创业的大学生，可积极参加各类创业大赛，获得脱颖而出的机会，同时吸引风险投资。

推荐商机：软件开发、网页制作、网络服务、手机游戏开发等。

2. 智力服务领域

智力是大学生创业的资本，在智力服务领域创业，大学生游刃有余。例如，家教领域就非常适合大学生创业，一方面，这是大学生勤工俭学的传统渠道，可以积累丰富的经验；另一方面，大学生能够充分利用高校教育资源，更容易赚到“第一桶金”。此类智力服务创业项目成本较低，一张桌子、一部电话就可开业。

推荐商机：家教、家教中介、设计工作室翻译事务所等。

3. 连锁加盟领域

统计数据显示，在相同的经营领域，个人创业的成功率低于 20%，而加盟创业的则高达 80%。对创业资源十分有限的大学生来说，借助连锁加盟的品牌、技术、营销、设备优势，可以较少的投资、较低的门槛实现自主创业。但连锁加盟并非“零风险”，在市场鱼龙混杂的现状下，大学生涉世不深，在选择加盟项目时更应注意规避风险。一般来说，大学生创业者资金实力较弱，适合选择启动资金不多、人手配备要求不高的加盟项目，从小本经营开始为宜；此外，最好选择运营时间在 5 年以上、拥有 10 家以上加盟店的成熟品牌。

推荐商机：快餐业、家政服务、校园小型超市、数码速印站等。

4. 开店

大学生开店，一方面可充分利用高校的学生顾客资源；另一方面，由于熟悉同龄人的消费习惯，因此入门较为容易。正由于走“学生路线”，因此主要靠价廉物美来吸引顾客。此外，由于大学生资金有限，不可能选择热闹地段的店面，因此推广工作尤为重要，需要经常在校园里张贴广告或和社团联办活动，才能使店面广为人知。

推荐商机：高校内部或周边地区的动漫店、餐厅、咖啡屋、美发屋、文具店、书店等。

第二节　大学生创新创业准备

一、大学生创业的准备

（一）思想准备

1. 创业意识

在马克思主义物质与意识的辩证关系中，意识对物质具有能动作用。意识活动具有目的性和计划性，人能够能动地认识世界和改造世界。创业意识的培养是大学生今后取得创业成功的前提，想创业，才会选择创业，进而取得创业成功。创业意识是激发人们进行创业活动的诉求，是创业者从事创业活动的内在动力。

要认识到为什么自己会选择自主创业，这是启发创业意识的根本所在。从大学生的就业途径来分析，主要分为：直接应聘企业、考取公务员或进入事业单位、继续深造（专升本、考研、留学）参加国家就业项目（西部志愿者计划、“三支一扶”、村干部计划等）、自主创业等。而在以上众多就业途径中，选择直接就业较为普遍。由于高校的不断扩招，企业与应届毕业生的供需比例不对称，人多岗少的矛盾现象突出，导致就业竞争压力增大，收入也显得不是很理想。考取公务员及事业单位的就业途径虽然是当前竞争最为激烈的一种就业方式，很大一部分的毕业生选择公招，但是随着公招面向基层经历的人员的倾斜，作为社会经验匮乏的应届大学毕业生将逐步被拒之门外。选择继续深造学习，虽然在近期减轻了自己的就业生的供需比例不对称，人多岗少的矛盾现象突出，导致就业竞争压力增大，收入也显得不是很理想。考取公务员及事业单位的就业途径虽然是当前竞争最为激烈的一种就业方式，很大一部分的毕业生选择公招，但是随着公招面向基层经历的人员的倾斜，作为社会经验匮乏的应届大学毕业生将逐步被拒之门外。选择继续深造学习，虽然在近期减轻了自己的就业压力，但是缓冲并不能解决今后仍然需要面对就业竞争压力的社会现状。随着国家就业项目政策的不断健全和完善，对大学生今后的安置与奖励政策的出台，这些项目由原来的被动参与，到现在的主动参与，甚至形成类似于公招的竞争出现后，这类项目也不是随便可以参加的。在以上的就业途径中，只有自主创业这条路显得很灵活，虽然创业带有一定的条件性和风险性，但是创业成功与否都体现了跨入社会、自食其力的成功表现，选择自主创业或许能为自己今后的就业铺就一条成功的道路。创业不是每个人生来具有的能力和素质，创业更多的需要后天的培养和积累。俗话说：“凡事欲动，必先谋其思。”进入大学校园后，如果有创业的想法，首先应树立自我创业意识，无论在学习、生活上都应向着创业这方面努力和准备，一旦毕业，就可以把自己的创业想法付诸行动。

2. 创业动机

创业的动力来自于创业者对自我价值的实现要求。根据美国心理学家马斯洛的“需要层次论”，自我实现的需要是最高层次的需要，满足这种需要就要求完成与自己能力相称的工作，最充分地发挥自己的潜在能力，成为自己所期待的人物。这是一种创造的需要。有自我实现需要的人，似乎在竭尽所能，使自己趋于完美。自我实现意味着充分地、活跃地、忘我地、集中全力地、全神贯注地体验生活。因此，创业者通过创业来实现自己的人生价值是一种最高境界。

当前，大学生创业动机具有显著特点。调查显示，文理科、独生子女与非独生子女创业动机没有显著差异，然而男大学生创业动机远高于女大学生，农村大学生远高于城镇大学生，财经类专业大学生远高于其他专业大学生，前者创业意识较强，他们不想再依赖家长、学校，而是主动出击，寻找机遇，伺机创业。

（二）心理准备

随着市场经济竞争的加剧，对于刚刚步入社会就选择创业这条道路的大学生而言莫不是更大的挑战，创业投资不比校园生活，社会商海的残酷要比校园的磕磕绊绊更为棘手。一个勇于创业的人，必定也是一个有着较强心理素质的人。大学生生活在校园环境中，每天不用面对复杂的问题、承受过大的心理压力，要适时地将宽松的氛围当成增强心理素质的最好平台。“不积跬步，无以至千里。”只要我们细心对待大学的每一件事和每一个人，勇于面对问题和挑战，我们的心理素质就会不断提高，为今后的创业做好铺垫。成功的创业者一般需要具备以下心理素质：自信稳重、决策果断、勇于冒险和责任意识。

（三）知识准备

随着高校就业建立以“市场为导向”的机制后，高校在开设专业和人才培养计划方面陆续开始进行改革。如今，高校就业难除了与扩招有一定关系外，更重要的是我们的人才培养模式和就业指导水平存在一定欠缺。有的岗位应聘的人员稀少，有的岗位却人满为患，出现一种学校的人才培养与企业和社会对人才的需求脱钩的现象。为应对这种“不对称”的人才培养模式，各高校已开始着手推进就业教学改革，提倡将学生往各专业复合型人才方向培养，突出专业办学特色。大学生如果打算今后自主创业，那么专业知识的复合就显得尤为重要。

创业不是简单地自己去给别人打工，而是自己要领导一些人为自己打工。这就要求这个创业者自己要懂得企业方方面面的管理知识。从创业企业的前期市场调研和原材料采购，到中期的生产管理，到后期的产品销售和售后服务等环节，都要求创业者把握和了解企业经营循环过程中的各环节管理知识。这就对高校有创业想法的大学生朋友在日常校园的学习过程中，提出了更高的专业知识要求。即便不能做到学习得面面俱到，也要做到“博览群书”。在平时的学习过程中，既要学好自己的专业知识，同时还要利用业余时间多了解一些企业管理方面的知识，多参加一些有关创业方面的培训班学习，多阅读一些成功企业的管理模式，多利用假期参加一些企业的社会实践活动。大学期间要提前储备的创业知识有管理知识、营销知识和财务知识。

1. 管理知识

企业要想建立现代企业制度，必须形成一种管理机制，要使其在一个管理系统中进行运转。企业管理体系的建立，可以让企业高效率运转，从而更好地为顾客服务。管理知识的学习可以从战略、领导力、市场营销、人力资源、创新等方面去学习，并要把学习的知识不断运用到企业的实践中去。一个管理有序的企业应该先保证企业“做正确的事”，然后才是努力地“把事做正确”。创业阶段可能需要靠创业者的眼光和勇气来排除万难，积极投身于创业，而一旦企业进入了正式的营业状态和成长期后，就需要管理者具有一定的管理能力，而这种管理能力来源于创业者的知识储备。很多企业昙花一现，究其原因，基本都在管理方面出了问题。

作为在校大学生，除了学习本专业知识以外，应该多学习一下“管理学”这门课程知识，即使以后不创业，管理也是和我们日常生活密切相关的。学生群体，小到班级的集体管理，大到学生会或一个系科的管理，这都需要一种管理方式和方法。我们不妨在进入大学后，积极竞选班委会，参加各类学生会和社团组织，有机会可以到辅导员办公室从事学生助理工作，这些活动都可以让自己得到锻炼，明白各个组织、不同层面上的管理知识。

2. 营销知识

市场营销的最终目的是说服自己的顾客，创造购买需求。不能满足顾客需求的企业就不能促成交换，企业将无法循环经营和运转。营销知识是今后创业过程中经常要用到的知识之一，这需要我们在创业前认真去学习和运用。

在校大学生可能在日常的学习过程中不会过多地接触营销知识，但是我们可以通过以下方式进行学习。第一就是多去图书馆阅读有关营销案例知识的书籍，这些成功企业的营销案例具有很强的实际应用性；第二就是可以选择性地去听一些管理专业的营销课程，大学的教室是开放式的，不存在班级与班级的壁垒，有心的学生可能会发现，只要你精力充沛，除了学好自己的专业知识以外，还可以利用业余时间到其他专业班级进行听课；第三就是多参加校内外的促销活动，虽然促销不过是营销的一个方面，但是促销活动可以让自己明白谁是自己的顾客，顾客需要什么，怎样满足顾客的要求，这些其实就是在培养自己以顾客为中心的营销意识；第四就是利用寒暑假到一些企业从事兼职营销工作，参与企业市场调研、产品渠道开发、公关促销、售后服务等一系列活动。通过这些，让自己在创业前不断积累营销知识。

3. 财务知识

创业需要创业者具备一定的财务管理知识，如：启动资金需求的预算、成本与利润计划、现金流量计划等。作为一个正规的企业必须要让“财务报表说话”。不少准备创业的在校大学生比较缺乏财务管理知识，导致的结果是启动资金预算不准确，成本核算不全面，企业账目混乱。如果一个企业的账务不清晰，现金流出现短缺，企业一夜之间就可能关门停业。

因此，我们必须要预先了解和学习一些基本的财务知识，建议大学生多参加一下相关财务管理知识培训，如：财政部搞的会计从业职业资格培训、人力资源和社会保障局搞的理财规划师培训。这些都是现在高校学生培训中比较热门的财务知识培训，同时也是获得今后从事财务管理岗位的职业资格准入证书的途径。当然，现在一些社会培训机构也有手工做账方面的培训，建议在校大学生也可以学习一下。除了了解专业的财务知识以外，应该给自己的几年大学生活算上一笔账，给自己准备一个财务账单，先从自己日常的学习、生活开支花费着手进行财务预算和财务记账。

（四）能力准备

能力是指人们顺利完成某件事所具有的资源整合体。企业经营管理能力属于专业能力，需要日常进行不断地学习和积累，大学生如果想在创业方面取得一定的成功，至少需要具备以下五大专业能力：开拓能力、学习能力、领导能力、协作能力和创新能力。

1. 开拓能力

1943 年，美国著名心理学家马斯洛提出需要层次理论，他认为人的动机是由不同性质的需要组成的，各种需要有层次和顺序之分，每个层次决定人的价值取向。如有一个金字塔形状，由上到下分别是：生理需要、安全需要、归属和爱的需要、尊重的需要和自我实现的需要。当低层次的需要达到满足时，就会往更高一层的需要倾斜和发展，如果这种更高层次的需要达不到满足的话，追求者就容易产生消极影响和不安心理，当然，越高层次的需要追求起来也就越难。

创业者就需要有这种永不满足的需求精神，有这种积极开拓进取的精神和能力。强烈的进取心既是创业能力、经营能力形成的基础，也是现代企业家综合素质构成的基本要素。大学生在学校期间应该不断培养自我开拓能力，在学习上要有勇于拼搏的精神，可以通过自己的努力学习争取学校设置的各项奖学金，积极参加各种竞赛活动，要为自己树立远大的目标和理想，这些看似基本的开拓工作都会对将来事业的拓展有着重要影响作用。

2. 学习能力

“学习型”人才是当今社会的主流群体，随着社会的进步，知识更新速度不断加快。在这样一个日新月异的时代，创业中要想把工作做好，就必须有好学与善学的精神。学习不是死读书，而是要跟得上时代的潮流，跟得上经济发展变化。既要见贤思齐，又要注重吸取经验教训。

在学校学习期间，要勤于思考问题，勤于动手操作，要时刻关注国家有关创业扶持政策，特别是关注学校就业指导部门对大学生创业给予的政策解读，及早为今后的创业积累政策参考依据。

3. 领导能力

创业者作为事业起步的“领头羊”，要具备一定的领导才能和人格魅力。一个出色的企业创业团队的产生是因为有一位出色的领导者。创业者本身就具有一种感召力、组织力和吸引力，通过这几种力量的融合，能够使自己的队伍努力为企业奋斗与付出。

20 世纪 70 年代，美国哈佛大学约翰·科特教授在关于领导力的研究中认为，领导力来源于六个方面：行业知识、人际关系、信誉、技能、价值观和进取精神。在校大学生应该注重对大学学习生活的认识，大学不等同于中学，界定一个学生是否优秀不只单一地看学习成绩或分数，而是更加强调学生的综合素质能力，一个优秀的大学毕业生是学习和社会实践两个方面的优秀组合体。那么，除了平时认真学好专业知识以外，还应该参加学校组织的社会实践活动，如：学生会组织、社团组织、大型比赛活动、班委会组织等，这些都可以锻炼自己的领导能力。

4. 协作能力

“一个篱笆三个桩，一个好汉三个帮。”创业是件富有挑战性和压力性的工作，仅靠一个人单枪匹马很难，需要有一个出色的团队来支撑。

因此，大学生创业可以联络几个有着共同理想和追求的同学，形成合力，共同面对挑战。让团队的每个人优势互补，形成创业的最大合力。作为创业者如何使团队协调合作，主要是看自己的人脉关系。如果说成功等于知识加人脉，那么知识只占 20%，人脉可能会占到 80%。人脉关系的好与坏关系到团队能否顺利组建和团结一致。

这就需要我们在日常的“情感账户”存入“感恩”，只有这样，真正当自己需要帮助的时候，我们才会受到最大的效益。“团结出战斗力”“团结就是力量”，协作能力是每个创业者应该具备的能力之一。

5. 创新能力

“人无我有，人有我优。”创新是保持企业可持续发展的源泉之一。创业者只有时刻保持着创新的创业理念才能使自己的企业在市场竞争中占有一席之地。一个具有创新性的企业也是有着旺盛生命力的企业，如果一个企业在日益复杂、变幻莫测的市场经济条件下，不思进取，不求同存异，不努力创新，那么迟早会被市场淘汰。大学生创业，应该选择一些符合市场潮流、标新立异的创业项目，在创业管理模式和产品品牌策划方面也应该有较强的“差异化”竞争策略，既不能脱离现实，过于空洞，也不能照搬俗套，步人后尘。要走出一条具有当代大学生自主创业特色的发展之路。

（五）资金准备

1. 自筹资金

创业之初需要做好企业的启动资金预测和准备工作，启动资金主要由固定资产和流动资金组成。如果自有资金足够的话，那就好办。一般情况下，大学生在创业之初，没有多余的资金，这时可以选择寻求家长、亲戚、朋友和同学的帮助。把自己的创业想法告诉你周围的人，试图得到他们的理解和支持。刚走出校门的应届大学毕业生没有资金，也可以先找份工作进行创业前的原始资本积累，学习企业经营管理经验，缓冲一定时期，待资金充足后，再选择自主创业。

2. 政策扶持

关注国家或地方政府对当代大学生自主创业的一些帮扶政策，例如：重庆市政府2010年出台了重庆市微型企业创业扶持政策，政策规定社会“九类群体”（含应届大中专毕业生）投资金额在10万元以下，雇佣人数在20人以内的算作微型企业，大学生创办微型企业可享受“投资者出一点，财政补一点，税收返一点，金融机构贷一点”的“1＋3”政策扶持，既享受注册资本50%的财政补贴，在税收方面政府按照企业注册资本等额给予财政税收返还，同时还可获得注册资金50%的贴息贷款。有效解决了大学生创办微型企业的注册资本金和经营资金。其中，重点扶持文化创意类和信息技术类人员，向项目发展前景好、知识水平高的企业倾斜。国家和地方每年都会针对大学生创业或创业问题出台一系列政策文件，只要我们密切关注、正确把握和利用，就可以使我们更加明确创业方向，在创业的道路上走得更稳。

3. 金融借贷

创业过程中，遇到资金紧张问题时难免会和金融机构打交道，这是企业发展过程中常有的事。金融机构其实十分乐意将自己的钱贷给有良好信誉和有能力偿还贷款的企业，如果要获得金融机构的贷款，需要我们准备完备的《投资创业计划书》，要让金融机构看到企业的项目发展前景和盈利点，对于一个有发展潜力和利润丰厚的企业，金融机构也是很乐意与之合作的。作为大学生，要想从金融机构进行借贷，要做好以下几方面准备：一是要有项目可行性方案和投资创业计划书；二是要有贷款担保人或抵押物；三是要有良好的信誉记录和偿还能力。当前，国家针对应届大中专毕业生有一系列的配套小额贷款政策，创业者应准确理解并加以利用。

二、大学生创业的风险

大学生创业者要认真分析自己创业过程中可能会遇到哪些风险，这些风险中哪些是可以控制的，哪些是不可控制的，哪些是需要极力避免的，哪些是致命的或不可管理的。一旦这些风险出现，你应该如何应对和化解。特别需要注意的是，一定要明白最大的风险是什么，最大的损失可能有多少，自己是否有能力承担并渡过难关。

大学生创业的风险主要有以下几个方面。

（一）项目选择

大学生创业时如果缺乏前期市场调研和论证，只是凭自己的兴趣和想象来决定投资方向，甚至仅凭一时心血来潮做决定，一定会碰得头破血流。

大学生创业者在创业初期一定要做好市场调研，在了解市场的基础上创业。一般来说，大学生创业者资金实力较弱，选择启动资金不多、人手配备要求不高的项目，从小本经营做起比较适宜。

（二）缺乏创业技能

很多大学生创业者眼高手低，当创业计划转变为实际操作时，才发现自己根本不具备解决问题的能力，这样的创业无异于纸上谈兵。一方面，大学生应去企业打工或实习，积累相关的管理和营销经验；另一方面，积极参加创业培训，积累创业知识，接受专业指导，提高创业成功率。

（三）资金风险

资金风险在创业初期会一直伴随在创业者的左右。是否有足够的资金创办企业是创业者遇到的第一个问题。企业创办起来后，就必须考虑是否有足够的资金支持企业的日常运作。对于初创企业来说，如果连续几个月入不敷出或者因为其他原因导致企业的现金流中断，都会给企业带来极大的威胁。相当多的企业会在创办初期因资金紧缺而严重影响业务的拓展，甚至错失商机而不得不关门大吉。

另外如果没有广阔的融资渠道，创业计划只能是一纸空谈。除了银行贷款、自筹资金、民间借贷等传统方式外，还可以充分利用风险投资、创业基金等融资渠道。

（四）社会资源贫乏

企业创建、市场开拓、产品推介等工作都需要调动社会资源，大学生在这方面会感到非常吃力。平时应多参加各种社会实践活动，扩大自己人际交往的范围。创业前，可以先到相关行业领域工作一段时间，通过这个平台，为自己日后的创业积累人脉。

第三节　创新创业指导与政策

一、大学生创业政策

（一）税收、贷款优惠政策

大学生创业税收优惠，持人社部门核发《就业创业证》（注明“毕业年度内自主创业税收政策”）的高校毕业生在毕业年度内（指毕业所在自然年，即 1 月 1 日至 12 月 31 日）创办个体工商户、个人独资企业的，3 年内按每户每年 8000 元为限额依次扣减其当年实际应缴纳的营业税、城市维护建设税、教育费附加和个人所得税。对高校毕业生创办的小型微利企业，按国家规定享受相关税收支持政策。

创业担保贷款和贴息——对符合条件的大学生自主创业的，可在创业地按规定申请创业担保贷款，贷款额度为 10 万元。鼓励金融机构参照贷款基础利率，结合风险分担情况，合理确定贷款利率水平，对个人发放的创业担保贷款，在贷款基础利率基础上上浮 3 个百分点以内的，由财政给予贴息。

免收有关行政事业性收费——毕业 2 年以内的普通高校学生从事个体经营（除国家限制的行业外）的，自其在工商部门首次注册登记之日起 3 年内，免收管理类、登记类和证照类等有关行政事业性收费。

（二）可享受的补贴

对大学生创办的小微企业新招用毕业年度高校毕业生，签订 1 年以上劳动合同并交纳社会保险费的，给予 1 年社会保险补贴。对大学生在毕业学年（即从毕业前一年 7 月 1 日起的 12 个月）内参加创业培训的，根据其获得创业培训合格证书或就业、创业情况，按规定给予培训补贴。有创业意愿的大学生，可免费获得公共就业和人才服务机构提供的创业指导服务，包括政策咨询、信息服务、项目开发、风险评估、开业指导、融资服务、跟踪扶持等"一条龙"创业服务。

（三）开设教育课程，强化创业实践

自主创业大学生可享受各高校挖掘和充实的各类专业课程和创新创业教育资源，以及面向全体学生开发开设的研究方法、学科前沿、创业基础、就业创业指导等方面的必修课和选修课，享受各地区、各高校资源共享的慕课、视频公开课等在线开放课程，和在线开放课程学习认证和学分认定制度。自主创业大学生可共享学校面向全体学生开放的大学科技园、创业园、创业孵化基地、教育部工程研究中心、各类实验室、教学仪器设备等科技创新资源和实验教学平台。参加全国大学生创新创业大赛、全国高校技能大赛，各类科技创新、创意设计、创业计划等专题竞赛，以及高校学生成立的创新创业协会、创业俱乐部等社团，提升创新创业实践能力。

（四）政府人事行政部门服务

政府人事行政部门所属的人才中介服务机构，免费为自主创业毕业生保管人事档案（包括代办社保、职称、档案工资等有关手续）2 年；提供免费查询人才、劳动力供求信息，免费发布招聘广告等服务；适当减免参加人才集市或人才劳务交流活动收费；优惠为创办企业的员工提供一次培训、测评服务。

二、大学生创业计划书

（一）创业计划书

创业计划书是创业者所写的商业文件中最基础的一个。那么，如何编写出一份好的创业计划书呢？创业者应做到以下几点。

1. 市场

创业计划书要给投资者提供企业对目标市场的深入分析和理解。要细致分析经济、

地理、职业以及心理等因素对消费者选择购买本企业产品这一行为的影响，以及各个因素所起的作用。创业计划书中还应包括一个主要的营销计划，计划中应列出本企业打算开展广告、促销以及公共关系活动的地区，明确每一项活动的预算和收益。创业计划书中还应简述一下企业的销售战略。

2. 产品

在创业计划书中，应提供所有与企业的产品或服务有关的细节，包括企业所实施的所有调查。这些问题包括：产品的市场前景如何，它的独特性怎样，企业分销产品的方法是什么，产品的生产成本是多少，售价是多少，企业发展新的现代化产品的计划是什么等。把出资者拉到企业的产品或服务中来，这样出资者就会和创业者一样对产品有兴趣。在创业计划书中，企业家应尽量用简单的词语来描述每件事——商品及其属性的定义对企业家来说是非常明确的，但其他人却不一定清楚它们的含义。

3. 行动

企业的行动计划应该是无懈可击的。创业计划书中应该明确下列问题：企业如何把产品推向市场，如何设计生产线，如何组织产品结构，企业生产需要哪些原料，企业拥有哪些生产资源，还需要什么生产资源，生产和设备的成本是多少，企业是买设备还是租设备等。解释与产品组装、储存以及发送有关的固定成本和变动成本的情况。

（二）创业投资计划书

创业之前需要建立自己的创业投资企划书，创业投资企划书主要包括以下纲要。

1. 创业内容

创业内容包括创办事业的名称、事业规模大小、营业项目或主要产品名称等，即所创事业为何。先定出所营事业的规模及营业内容，这是创业评估的基础。

2. 信息分析

信息分析是指对于所创事业相关环境进行分析，除了了解相关法令规定之外，对于潜在客户在哪里、竞争对手是谁、切入的角度或竞争手法为何，以及行业服务或产品的市场价格多少、一般的毛利率为何也要有所了解。

3. 资金规划

创业的资金可能包括个人与他人出资金额比例、银行贷款等，这会影响整个事业的股份与红利分配多寡。资金规划就是对先前所设定事业规模下需要多少开办费用（硬件与软件）、未来一年要准备多少营运资金等做出估算。

4. 经营目标

社会环境变迁快速，设立的经营目标大多不超过一年。新创事业应参考相同规模同业之月营业额，定出自己的经营目标。

5. 财务预估

财务预估即预估第一年的大概营业收入与支出费用，这些预估数字的主要目的，是让创业者估算出所营事业的每月支出与未来可能利润，明了何时能达到收支平衡，并算出未来经营企业的利润。

6. 营销策略

营销策略包括了解服务市场或产品市场在哪里，同业一般使用的销售方式为何，自己的竞争优势在哪里等。营销手法相当多，包括 DM、电话拜访、现场拜访、商展、造势活动、网络营销等，创业者应搜集这些营销手法的相关资料。

7. 风险评估

企业在创业的过程中可能遭受挫折，例如景气变动、竞争对手的消长、股东意见不合、执行业务的危险性等，这些风险甚至会导致创业失败，因此风险评估即要列出事业可能碰到的风险以及应对的办法。

8. 其他

其他包括事业愿景、股东名册、事业组织等或创业者所特别要向投资者说明之事项。

三、大学生创业注意事项

（一）积极利用现有资源

不少在职人员都选择了与工作密切相关的领域创业，工作中积累的经验和资源是最大的创业财富，要善于利用这些资源，以便近水楼台先得月。对能帮你生存的项目，要优先进行考虑。大学生要积极利用身边的资源，为社会创造更大的价值。

切不可误用资源，在职老板不能将个人生意与单位生意混淆，更不能唯利是图，否则不仅要冒道德上的风险，而且很可能会受到法律的制裁。在你的地盘，时间、金钱和才能任由你使用。但是，如果乱搞一气，你的生意就会逆转而下。

（二）合伙创业的处理

有些上班族有投资资金或有一定的业务渠道，但苦于分身无术，因此会选择合作经营的创业方式。如果你需要合伙人的钱来开办或维持企业，或者这个合伙人帮助你设计了这个企业的构思，或者他有你需要的技巧，或者你需要他为你擂鼓吹号，那么就请他加入你的公司。这虽能让兼职老板轻松上阵，但要慎重选择合作伙伴，在请帮手和自己亲自处理上，要有一个平衡点。首先要志同道合，其次要互相信任。不要聘用那些适合工作，却与你合不来的人员，也不要聘用那些没有心理准备面对新办企业压力的人。

此外，和合作伙伴之间的责、权、利一定要分清楚，最好形成书面文档，有合作双方和见证人的签字，以免起纠纷时空口无凭。

（三）尽量用足相关政策

政府部门有很多鼓励创业的政策，是对大学生创业的鼓励和支持，创业时一定要注意“用足”这些政策，如免税优惠、在某地注册企业可享受比其他地区更优惠的税率等。这些政策可大大减少创业初期的成本，使创业风险大为降低。

第七章　产教融合与校企一体化质量保障体系

第一节　产教融合与校企一体化体制创新的

一、产教融合与校企一体化体制创新的重点

通过对诸多发达国家校企合作模式进行研究，发现其具有一些可供参考的共性点，如工学结合学制灵活，有充分的企业工作实习的时间；协同育人法治化，企业积极参与对学生的培养，并分担相应的经济成本，主动参与人才培养的全过程；学校教育紧贴企业需要，真正做到与企业“零距离”接触，学校与企业成为深度融合的利益共同体等。

“职业院校和应用技术大学要牢牢把握产教融合、校企合作这一转型发展的路径，坚定不移地打破封闭办学、自我评价的发展链式，将学校的办学、管理和人才培养环节融合于产业链、公共服务链和价值创造链。要主动与地方政府、行业、企业建立更加紧密的合作关系，倾听他们的呼声，了解他们的需求，将产教融合、校企合作落实到学校管理、教学的各个层次、各个环节，深入到每一项制度、每一个专业、每一项课程、每一个教师，使学校成为产业的大学、城市的大学、社区的大学。”教育部发展规划司副司长陈锋进一步阐释：“融合就是要打破传统的经济增长模式，将人力资本投资和技术进步作为产业链和经济发展的核心，而打破传统教育发展的链条，就是把高等教育的人才教育培养、科学研究，内置于产业链的过程，内化于产业链价值形成的过程。”

面对职业教育发展转型和地方经济产业转型的双重发展需求，高职产教融合与校企一体化的发展也进入一个新的挑战期，针对以往存在的地方高校产学研合作教育不深入，企业参与合作育人缺乏积极性和必要保障；地方政府缺乏校企合作培养高层次技术技能型人才的制度与鼓励政策，地方教育行政部门在高校和行业企业之间的桥梁纽带作用缺失；地方职业院校行业背景不明显，自身服务社会的能力不强、科研成果

较少、得不到企业的信任和投入等现实状况，进一步思考职业院校产学研合作教育的配套体制具有十分重要的理论意义。

（一）产教融合的管理体制

现行高校管理体制客观上使地方院校没有或失去了行业背景，特色专业优势不明显，过于统一的课程标准和延续传统本科教育课程体系的设置也使得人才培养无法真正与市场接轨。职业院校的办学主体仍然存在一些自主权上的需求，更多的办学经费都被形式上统一的项目所限制，学校都要按照上级主管机构的要求进行相应的课程、专业、实训等的建设，从而导致众多职业院校的差异化不明显，重复投资和建设现象明显；也导致了一些急功近利的办学思想，教学的稳定性和专业发展的持续性难以得到保障，很多职业院校缺乏创新的实力和核心竞争力，在学院的发展定位上无法统一思想。因此，对于推动产教融合与校企一体化的育人工作的高校来讲，只有明确自身在产教融合人才培养中的位置和承担的责任，才能主动设计、积极推动形成学院自身特色的具有相对独立办学自主权和市场化因素的育人管理机制。

职业院校为谋求自身发展，抓好教育质量，采取与企业合作的方式，有针对性地为企业和社会培养专门人才，注重人才的实用性与实效性。毫无疑问，学校是产教融合与校企一体化的育人工作管理的主体。虽然出于生产计划、学生安全等方面的考虑，企业缺乏与学校合作的热情，难以建立长期深入的校企合作关系，深度校企合作远远不够，学生实习多成为流水线的操作工人。但是近几年，高校的市场化办学意识逐步增强，职业院校也都认识到校企合作对于学生培养质量的重要性，充分发挥市场机制的作用，引导支持社会力量来兴办职业教育，行业企业是职业教育最大的受益者，也应该是办学主体之一。职业院校要不断研究人才培养规律与生产技术发展规律，将两者有机结合，做到职前教育与职后培养相统筹，培养专业知识结构合理、技术素质过硬、理论基础扎实、职业发展明确、具有企业文化认同感的学生。

校企合作是一种注重培养质量，注重在校学习与企业实践，注重学校与企业资源、信息共享的“双赢”模式。院校在关注企业需求变化的同时，还要积极整合政府、行业、企业与学校的资源，只有在确定培养培训规模，开发、设计、实施灵活的培养培训方案上起积极的先导作用，才能真正把产教融合、培养高素质技能型人才的文章做好。这就要求作为推动产教深度融合的院校在专业和课程设置、师资队伍、社会服务等方面具备相应的能力。

在专业和课程设置上，目前还存在与传统的“学术型”课程体系区分度不明显，灵活性不足，与市场需求脱节的情况。发达国家的职业院校的专业和课程设置往往都能根据市场需求灵活调节，并十分重视行业、企业的参与。国内职业院校首先要以地方经济需求为导向，根据地方区域经济发展的支柱产业、新兴产业的技术领域需求调整专业设置，并积极邀请行业、企业参与学校专业和课程设置，提高专业课程设置与产业结构的匹配程度，强化专业设置的适应性，立足覆盖完整产业链，保障人才持续、有效的供给。同时还要加快教学内容和配套资源更新，减少与企业生产技术相脱节的情形，融合企业对新技术新工艺的要求。

现有职业教育领域师资队伍的实践能力总体偏弱，专业教师参与企业生产科研活动的力度不大。虽然职业院校也十分重视“双师型”师资队伍的建设，但是由于高水平技术和技能人才在企业的待遇高于高校，高校引进全职“双师型”教师较为困难，因此更多的学校是鼓励聘请企业管理人员、工程技术人员和能工巧匠担任专兼职教师。这就要求职业院校一方面在教师聘任、评价和薪酬制度上构建有利于引进“双师型”教师，能够畅通行业精英进入高校、高校教师提高应用能力的渠道和机制。另一方面，支持学校教师参与企业生产科研活动，培养校内“双师型”队伍更是重点，“双师”是强调教师是否适合应用型人才培养，是否具备服务社会的能力。许多高校的经验说明，学校与企业共建合作研究平台，共同完成研究项目，并尽量吸收学生参与，既是产学研合作的最好形式，也是培养“双师型”教师最好的途径。

学院还要不断提升教师技术服务能力，积极回应企业需求，开展应用型科研，学生也可以参与其中，从而增加企业的参与热情。另一方面，行业、企业要素渗透专业教学全过程，使得产学研结合更紧密、有实效，政府不断完善企业安全责任规定，解决企业的后顾之忧。

（二）产教融合中各方利益结构

破解校企合作难题就是要找准企业的“兴趣点”和“利益点”，以互惠双赢为基础，激发校企合作各方的内在动力和活力，从而促进地方与学校、校企之间真正实现同心同德，同行同向。各方利益共同点在育人，学校希望立德树人，培养符合社会发展需要的专门型人才；企业需要能够推动企业发展的创新型人才；政府需要能够满足地方经济转型与发展需求的急需人才等。

1. 关注“兴趣点”

校企合作的前提就是要互相交流，弄清楚各方的需求是什么，“兴趣点”在哪里，再来谈合作，针对性就强，合作成功的概率就高。在合作的过程中，尽量满足需求，实现“双赢”，这样的合作才会长久和稳固。

企业是市场的主体，在面对各类高校抛出的合作橄榄枝后必然会对自身的付出与回报进行评估，在市场中实行优胜劣汰是企业生存发展的必然规律，同样也将成为职业院校开展校企合作成效的检验标准。

2. 关注“利益点”

企业在校企合作中的利益诉求点主要体现在校内基地的生产可为企业提供新的车间，能扩大生产能力，缓解用工矛盾等；校企合作不仅弥补了企业在职业教育中的投入，更增强了企业在行业中的竞争实力；职业院校的科研资源对于企业来说则科技是第一生产力，企业设备、场地的扩大和人员素质的增强也壮大了学校和企业科研团队的研发力量，有力地促进企业技术更新，增加其产品和服务的技术附加值，增强市场竞争力。

学校获得的利益诉求点体现在企业拥有资金、设备、实训场地等职业院校普遍缺乏的物质保障；校企合作能够极大地提高技能型人才培养质量已经成为共识，社会声誉好的校企合作的企业不仅因其所承担的社会责任而获得社会的认可和赞赏，还可以提升高职院校的社会声誉；社会信赖给职业院校带来的是更多的捐助、生源和就业机会等。

校企双方还有很多直接相关的共同利益点，主要体现在校企合作不仅能培养和锻炼职业院校的学生和专业教师，还能锻炼和提高技术；人和行业精英的理论水平和文化素养。校企深度合作，共同培养高质量的技术人才，职业院校需要由既懂理论又有较强实践操作能力的技术专家培养企业生产、服务和管理一线的高素质技能型人才；职业院校要培养有较高职业素养的毕业生，必须引入企业文化，而企业要向现代企业转型，也需要在职工中宣扬人文精神和奋斗精神，提高员工的目标认同、价值认同感等。

3. 找准“着力点”

要推进产教深度融合，就需要在利益分配机制方面进行体制创新，通过校企双方在各自在组织、团队、制度、科研和文化等方面的管理创新，把职业院校与企业的利益很好地统一起来，并最大限度地满足校企双方的利益诉求，才能真正实现校企深度合作、产教深度融合。如建立技术型人才培养创新机制，鼓励海内外高水平研究型大学参与支持地方应用型院校发展，共同面向产业转型升级，建立科技创新、技术研发和技术创业的协同创新体系，提高职业院校技术创新和引领产业升级的能力；建立专兼职教师融合机制，兼职教师与学校专业教师结对共同开发科研项目、编写教材、设计课程和建设专业，在团队合作中取长补短，提高专业教师的实践操作技能和对生产实践、市场动态、企业文化的理解，同时也提高企业技术人员的理论素养和研究水平；依托学校的实验室、实训基地和企业的生产车间，对企业存在的技术和管理难题联合攻关，在开发新技术、新产品、新工艺的过程中，逐步形成科研与教学一体、开发与应用一体、服务与创收一体的科研运行机制。

（三）产教融合中的行业企业保障

我国《职业教育法》《国务院关于大力推进职业教育改革与发展的决定》等相关

法规和政策中明确规定："职业教育的发展要充分依靠行业、企业，企业要和职业学校加强合作，职业教育应当实行产教结合，要充分依靠企业力量，服务于区域经济建设。""县级以上地方各级人民政府要在发展职业教育中发挥主导作用，重点办好起骨干和示范作用的职业学校和职业培训机构，组织、指导并支持企业、行业和社会力量举办职业学校和职业培训机构。"然而，迄今为止，我国的法律和政策都还没有出台政策配套的规范体系、保障体系和具体可操作的校企合作实施细则，没有细化政府、职业院校和企业在校企合作中的具体权利、义务和责任，没有理顺不同主体之间的利益关系，很少有激励企业积极参与校企合作的可操作的具体措施。

校企合作需要企业发挥积极作用，政府和学校就要营造有利于校企合作、产教融合的良好环境，毕竟校企合作的双方是有共同核心利益点的，有学者通过对校企合作的调查研究发现，"企业负责人普遍反映，在校企合作中，限于法律政策的不完善，企业切身利益难以保障，大多数存在支出多回报少、责任重而风险大的客观现实，70% 的企业认为这是影响校企合作的最大因素"。

学校要积极调整专业设置、提高教师技术能力、加强同企业沟通，尽量为企业提供其所需要的实习生，提高企业的积极性，形成良性循环，核心还要提高院校的技术研发和转移应用能力，帮助企业解决转型升级的技术问题。有意愿开展校企合作的企业最想与有企业化运营思路、关注内涵建设的学校合作，最像企业的学校是最理想的合作对象。

政府在职业教育发展中扮演着十分重要的角色，通过制定政策、制度和法律规定来监督、引导和保障职业教育的发展。这些法律和政策必须对政府、企业、学校之间在职业教育实践活动中的权利和义务进行详细而明确的规定，明确企业合作育人的主体责任，出台优惠政策，激励企业承担育人责任。目前，很多企业未能将校企合作当成是一种培养人才的责任，对于学生的长期实习或交替实习，企业顾虑自己的生产规律和节奏，出于生产计划、学生安全等方面的考虑，缺乏与学校合作的热情。学校培养的学生在校期间由于很难快速掌握最新的技术革新需求，学生实习多成为流水线的操作工人，所以学生实习只会给企业生产带来麻烦，甚至影响生产效率，深度校企合作远远不够。

因此，一方面政府、学校要给予企业承担育人责任的法律地位和良好的合作环境，另一方面要不断完善相应的政府法律法规和学校的人才培养体系和专业市场竞争力。通过搭建校企合作的人才培养平台和工学结合的人才培养通道，形成政、校、企之间信息沟通渠道，用完善的法律法规来规范和约束校企双方的行为，并且根据经济发展和社会变迁的需要不断进行调整与修订，使得校企双方在合作中能够有法可依、有章可循，有效地避免校企双方因权利不清、职责不明而引起的冲突。

（四）产教融合中的政府服务职能

在经济领域，国家一直强调要转变政府职能，完善市场体系，规范市场法规，改善市场环境，加强市场硬件建设，拓展市场运作领域，营造有竞争力的投资、创业和发展环境。校企“联姻”离不开政府这个“媒人”的牵线搭桥，在这个牵线搭桥的过程中，政府扮演的角色是什么？《国务院关于大力推进职业教育改革与发展的决定》明确规定要推进职业教育管理体制改革，建立并逐步完善在国务院领导下分级管理、地方为主、政府统筹、社会参与的职业教育管理体制，因此，政府同样应转变角色，通过营造良好的校企合作软硬件环境，为校企合作的深度融合提供保障，完善政策法律法规，制定法律法规或相关政策，引导或要求企业进入高校，强化企业与高校合作育人的意识和社会责任。同时促进校企双赢，减少校企合作的风险，转变地方教育行政部门职能，更多地服务学校和企业，成为学校与行业企业之间合作的桥梁纽带，兑现对校企合作办学的优惠政策等。

《教育规划纲要》在谈到如何调动行业企业的积极性时强调，建立健全政府主导、行业指导、企业参与的办学机制，制定促进校企合作办学法规，促进校企合作制度化。但是产教融合、校企合作的规定笼统而不系统，甚至无法可依，政府的引领性作用没有得到很好的体现，利益攸关方的权益、地位、作用没得到很好的保障，政府、行业企业参与的主动性、积极性不高。《国务院关于大力推进职业教育改革与发展的决定》特别强调要加强职业教育和就业准入的法治建设，完善执法监督机制，加大执法力度，提高依法治教的水平。

教育部副部长鲁昕在产教融合发展战略国际论坛上的致辞中强调地方政府要把支持地方高校的转型发展作为推动地方产业转型升级和城镇化科学进程最重要的战略资源，主动帮助学校设计转型发展路径，主动搭建校企合作平台，共建共享人才、技术、文化资源，加大政策和资金支持，使地方的人才、技术和社会发展需求与高校的教育、科研和社会服务无缝对接，促进地方产业和高校双转，经济社会和教育发展双赢。这就为地方政府如何在产教融合、校企合作方面开展具体工作提出了很好的方向。政府在为行业企业参与合作育人提供法律法规、政策机制保障的同时，开展具有创新性的服务内容，特别是在社会主义市场经济环境下，要以校企两方面“双赢”为目标，政府应采取措施，让企业在确立市场需求、人才规格、知识技能结构、课程设置、教学内容和成绩评定等方面发挥相应作用。各级人民政府的教育督导部门要把职业教育作为教育督导的重要内容，积极探索发挥市场作用和社会参与的职业教育评估方式。

二、产教融合与校企一体化体制创新的难点

我国经济发展正面临高端制造业缺乏核心竞争力，低端制造业成本优势逐渐丧失的现状。附加值低的低端产业和粗放型增长方式不可持续，必须依靠科技进步和自主创新，实现产业结构升级，实现经济增长方式的转变。未来我国经济的发展，一是要适应需求结构变化趋势，加快推进传统产业技术升级；二是要适应未来市场需求变化和技术发展趋势，加快发展战略性新兴产业。无论是产业结构的升级还是新兴产业的发展都需要数量众多、不同层次和结构的高层次应用技术和技能人才的支撑。但是当前中国技能人才还存在数量不足、学历层次不高、结构与经济发展不适应等问题，职业院校的人才培养模式更要注重校企合作，突出理论与实践结合。“产教融合”是培养高层次应用技术和技能人才的最佳教学模式，而“校企合作”又是实施“产教融合”的最佳途径。如德国应用技术大学在培养方案中安排一至两个学期的“实习学期”，期间学生需要进入企业或其他工作单位参与实际工作，积累实践经验。学生的毕业设计也与实践密切结合，通常是针对现实工作中一个具体问题的解决方案，毕业设计的评价同样也以其应用性价值为标准。申请者首先须经过企业的筛选，获得企业提供的培训合同和资助,才能被大学录取。专业培养方案由大学教师和企业培训人员共同设计，使得培养的学生与企业能无缝对接。但是目前国内由于发展历史的原因，产教融合与校企一体化育人体制还在进一步优化发展过程当中，进行产教融合与校企一体化体制创新还存在一些主客观方面的问题。

（一）观念转变

校企合作涉及政府、行业、企业和学习等主体，还涉及教育者和被教育者两个群体，要转变政府、行业、社会、学生、企业和学校等各方观念，引导各方在产教深度融合培养专业人才过程中承担自身的责任，明确各自的角色定位，积极参与其中，为推动我国向人力资源强国发展发挥各自的才干。

政府是校企合作的主导者。在校企合作中，政府应该起主导作用，同时政府又是校企合作的制度供给者和服务提供者。政府要增强服务意识，为企业提供一定的优惠政策作保障；综合应用立法、拨款、规划、信息服务、政策，构建校企合作的信息交流机制与平台，以地方经济社会发展和支撑产业升级为目标，以增加就业为导向，统筹和优化职业教育发展资源以达到最大效益。

行业是校企合作的指导者。行业协会作为政府联系企业与职业院校的桥梁和纽带，在促进校企合作中发挥着极大的作用。目前在我国，行业参与校企合作的积极性并不

高，其作用没有得到有效的发挥。教育部副部长鲁昕也指出，要“提升行业指导职业教育的能力。完善行业指导职业教育发展的政策机制，加强行业指导能力建设”。因此，需要通过政府的有效运作，尽快理顺政府对行业协会的管理，将政府的部分服务职能下放给行业协会，不断提高行业协会的服务能力，从而承担起沟通校企合作双方的重要责任，并承担双方在人才培养计划、人才培养规格、教育质量评估以及办学条件支持与扶持等方面的事宜。

企业和职业院校是校企合作的直接参与者。企业参与校企合作，既是自身发展的需要，也是承担社会责任的重要体现。当前，企业参与校企合作的热情短期内不可能有很大的提高，这就需要职业院校转变观念，树立服务意识，提高自身科研能力，积极主动地为行业企业服务，还可以在转变机制和改变合作方式上下功夫。校企合作应该是职业院校的主动行为和政策选择。在合作过程中，学校依据企业人才需求规格，把企业岗位技术标准纳入课程体系，与企业共同设计人才培养方案，共同开发课程体系，共同完成教育教学任务，共同管理实习实训，使校企合作深度融合。现在越来越多的学校在校企合作中形成了形式多样的合作模式，丰富了校企合作的具体内涵，如嵌入式课程、实习基地模式、创业教育模式、项目驱动模式、预就业式、订单班模式等都是校企合作发展的新方向。

（二）保障权益

校企深度合作的核心着益点是人才培养，在人才培养过程中要充分考虑各方权益，只有这样才能保障校企合作在产教融合上取得实效。

企业权益的保障。对于企业而言，通过与职业院校合作，一方面需要获得高校的技术支持，同时为企业储备高技术人才，但实际情况是学校的技术服务能力达不到企业的要求，培养的学生流动性过大，企业在校企合作中没有得到与其付出相对等的回报。

学校权益的保障。通过与企业合作，学校获得了实训设备，有了实训场所，安排了学生就业实训等，解决了学校由于办学经费不足而导致的教学设备缺乏、学生就业难等现实问题。但是在与企业合作过程中，由于企业自身利益的关系，先进技术的资料、高技术高素质的企业兼职教师的稳定性，以及合作开展对学生实践教学的设计、执行、管理和考核都无法完整实施，从而使得校企合作难以深入。因此，很多学校普遍把校企合作定位在为学生提供实习岗位，最常见的做法是“放羊式”的实习，背离了校企合作的初衷。

教师权益的保障。在校企合作促进产教深度融合过程中，教师要付出原创性劳动和投入相当的精力，同时在教学管理模式上某些教师也会出现对变革的不适应。如果教师的权益得不到相应的保障，就容易出现对校企合作的畏难心理甚至是阻力。

学生权益的保障。校企合作是提高学生培养质量的有效途径已是不争的事实，学生通过在“做中学，学中做”，可真正快速、牢固地掌握相关专业知识和技能。但是也存在为了解决学生的实践教学安排,将学生安排在校企合作不深入的企业进行实训，企业往往只让学生从事简单的劳动，学生成为企业临时的廉价劳动力，学生无法在不同的岗位得到更多的锻炼。

（三）师资队伍

校企合作双方需要安排高素质的专门人才共同开发和推进校企合作。目前大部分院校的众多专业还只能与一些地方的民营企业进行合作，虽然合作的民营企业也是地方相关行业的翘楚，但是民营企业高素质人才缺乏，产品技术含量不高、工艺不够先进的情况还是普遍存在的。安排企业中学历水平高、专业素养好的人员牵头校企合作的具体事宜能大大提高校企合作的成功率。

由于高职院校专业发展的不平衡，专业服务能力也存在较大的差异，在校企合作的过程中，学校一定要强化服务对接企业的能力，大力支持基础薄弱的专业，防止出现短板效应。要提高教师服务企业的能力，主要是提高专业教师的业务、科研和技术服务水平，主动研发和接受企业委托的项目，能够和企业一起策划企业文化，形成互动体系，为企业提供更多的服务，如帮助企业对员工进行培训等。

由于目前很多地方高校还难以满足产业升级对更高层次技术技能型人才的需求，地方政府要营造有利于专业人才落户的政策，鼓励紧缺的专业人才创业，提供企业发展的优惠条件等等。

（四）评价激励

校企合作需要完善政策机制和教学管理、评价机制。政策层面，需要政府从立法的层面明确企业的责任，鼓励企业参与校企合作，建立鼓励地方企业参与校企合作育人的法律法规体系，形成有利于政府、行业企业、学校共同推动产教融合育人，服务地方经济发展的机制，如对校企合作双方在实训基地建设、产品开发、贷款、税收等方面给予政策优惠。

完善专业设置与课程体系设置的机制。一方面，要扩大学校的专业设置自主权；另一方面，要发挥行业在专业设置中的话语权。现在的学生就业评价一般相对滞后于社会经济发展，而行业协会在行业发展中具有一定的前瞻性，可以避免专业设置与社会需求存在较大差距，以及学生所学专业高度集中等现实情况。

完善教师评价与晋升制度。现有师资队伍的实践能力不足，鼓励专业教师参与企业生产科研活动的力度不够，教师面临的课程体系建设与教学内容改革难度大、任务艰巨。同时具备高学历和丰富实践经验的优秀人才十分缺乏，这类人才往往成为职业院校之间的香饽饽，流动性较大，对于专业的发展影响也很大，现行教师评价和晋升制度应将这些因素考虑在内。

企业参与校企合作的长效机制。企业参与办学的积极性不高，主动性不够，与企业深度合作的体制和机制不完善有直接关系。学校与企业签订合作协议框架较多，实质性合作不强，企业出于生产机密、生产秩序、学生安全等方面考虑，往往缺乏深入参与人才培养的热情，产教融合难以深入，使得学生实习只能停留于浅层次的流水线操作层面。校企的实质性合作局限于个别专业，难以支撑学校高素质应用型人才培养的整体需求。

第二节　产教融合与校企一体化质量评价体系的建构与模型

评价体系的建立对于产教融合与校企一体化的系统化具有重要的指导作用。职业教育不同于普通教育，要建立行业企业和社会共同参与的评价机制，要建立以贡献为导向的学校评价模式，以及以能力为核心的学生评价模式。目前，由于相配套的制度、标准没有全面建立和完善，很多专业领域开展较为统一和完善的评价体系建设工作存在一些不足，但是通过学习和借鉴国内外已建立和成熟的质量保障体系，有利于使校企一体化的育人工作更加优化。

一、评价体系的建构

（一）目前评价体系存在的问题

1. 缺少企业等社会环节参与评价

目前职业院校课堂教学和实训教学的质量监控主体主要以学校为主，且监控职能附属于教务处，社会、企业参与相对较少，缺乏相对稳定的制度保障或流程机制。而国外发达国家尤其是应用技术大学的评价标准尤其重视企业或实践者的参与，如奥地利应用技术大学的外部评估过程，评估小组必须包括：一名应用技术大学学术管理人员，一名具有高等教育学校评估经验的专家，一名企业或非营利组织管理者和一名学生代表；荷兰应用技术大学的评估过程中，实地考察委员会的成员主要由该领域的实践者组成。产教融合专业人才培养的教学质量监控，实践教学环节是重心，而该环节中缺失企业的真正参与，使得对学生实习实训环节的监控流于形式，无法对职业能力训练和职业能力养成做出客观评价。

2. 缺乏对学生学习全过程的监控

在专业人才培养过程的监控中，学校往往比较重视对教师教学过程的监控，而容易忽视或放松对学生学习行为效果的监控，尤其对学生的学习投入、学习习惯、自我管理、学习动力缺少关注，从而导致学生学习习惯和自我约束能力都没有得到很好的纠正和提高。产教融合与校企一体化的教学要求坚持受教育者德、智、技、体、美有机统一，全面发展，使合作培养的对象既能顺利就业，胜任岗位工作，又能持续就业创业。因此，第三方评价机构经常以学生毕业后的发展作为评估学生培养质量和学院教学水平的着手点，经常考察毕业生高就业与高收入、就业去向、就业部门、专业匹配度等，但是对学生世界观、个性发展、思维方式、知识结构、技能基础等缺乏相应的评价，这部分的评价往往是校内教育过程中的教育与评价的重点。

3. 评估过程信息化手段滞后

智能时代，信息化水平已经发展到足够用于教学过程的管理。对于学生校内校外的实训教学、校内的课堂教学，以及日常行为均可以通过系统的信息化手段进行管理，有利于每一个任课或指导教师全面了解和评估每一个学生的学习基础和特长。但是，目前职业院校在评价过程中的信息化建设滞后，现代技术手段应用不足，不能及时收集学生的反馈信息，对学生的技术技能提升缺少应有的监控。

4. 教学服务能力有待进一步提高

目前，学院教师主要承担着学生教育监控的任务。承担教学任务的教师教学能力和承担质量监控的教师服务能力直接影响着教育质量的提高。对教学服务管理人员的服务态度、管理过程还是缺少足够的监控，往往有检查无落实，有号召无行动，不能将校企合作的有效制度执行到位，很多学生和企业反映的问题都不能及时向有关部门、考核小组或上级领导进行反馈。所有这些现象都表明了对教学服务管理人员的监控不到位。学院应加快“专业带头人”和“一体化”教师队伍建设，建立稳定的专兼职教师队伍，满足学生的学习要求。

5. 校企合作中企业激励不足

企业对职业院校学生顶岗实习积极性还不是很高，从而导致校外顶岗实习基地相对不足，有时只能满足教学的基本条件，对校内外实习实训基地条件、课程建设、教材建设等教学建设是否与人才培养需要相匹配却很少有人关注。课程学习结束后，企业在参与学生评价过程中由于缺乏必要的监管和考核，往往会放松对学生的考核要求，最后学生到底学到了什么、有什么收获、受到什么样的启迪，是否真正实现了课程教学目标，在学院学校层面最后还是很少得到监控。要注重建立有效的激励机制，增强学校参与校企合作的主动性，调动企业参与校企合作的积极性。

（二）构建评价体系的基本原则

1. 导向性原则

产教融合与校企一体化评价体系的构建是推动专业人才培养质量不断提高的重要保障。评价体系的构建要体现引导和鼓励被评价对象、参与评价的人员和机构向正确的方向和目标发展，承担各自享有的责任和有效行使教育和被教育的权利。

2. 科学性原则

科学性原则主要体现在理论与实践相结合，以及所采用的科学方法等方面。评价体系要在理论上站得住脚，能够反映被评价对象的客观实际情况；评价指标体系能够在基本概念和逻辑结构上严谨、合理，抓住评价对象的实质，并具有针对性；评价体系还要具有很好的实践操作性，能够体现考核准确、全面、规范和方便等特点。

3. 多元性原则

评价指标体系构建是一个较为复杂且涉及面较广的一个工作。鉴于不同的考核对象和培养过程，产教融合与校企一体化的评价可以使用校内和校外两个考核体系，校内主要是教师评价、教学管理、学生学习评价、学生评教、组织专家评教等，校外主要是企业对实习实训和毕业生质量进行评价、社会中介组织对学校人才培养效果进行评价、毕业生对学校培养效果进行评价、政府组织对学校教学水平进行评估。也可以采用理论和实践教学的考核体系，或者是理论教师、实践教师、学生、教育管理者等多方多元的评价内容，从而形成一个系统的评价体系。

4. 效益性原则

立足市场的高职教育办学，其产教融合的校企合作仍然是一种关系的、利益的合作，需要认真处理好公益性与市场性、服务性与效益性、合作性与竞争性的关系。效益性是要争取立足公益办学基础上的最佳经济效益，通过专业人才培养的课程链与企业生产链之间的评估，促进产教融合效益提升。

（三）产教融合与校企一体化的质量评价机制

1. 组织保障

（1）校内评价监控组织。

校内评价监控组织要以校内第三方的角色进行定位，主要承担撰写学院年度教学质量报告、全校专业评估、学校教学质量保障，以及学校教学基本数据采集等职责。该组织要相对独立于各分院系，组织成员要能够脱离于具体的专业教学之外。

（2）教学指导委员会。

各专业或专业群均设有专业教学指导委员会，该委员会的机构要充分考虑到专业带头人一类的专家、产教深度融合的行业企业，以及在读或毕业学生、家长的代表，从不同角度丰富和完善产教融合与校企一体化的专业人才培养质量评估体系。

（3）校企合作委员会（产教合作委员会）。

该机构主要承担学生实习实训教学质量评估。要充分调动学院与行业企业的积极性和责任心，行业企业是产教融合的重要推动力量。行业要加强人才需求预测，制定人才标准，参与课程改革，开展质量评价等；企业要全面参与到学校管理运行全过程中，积极参与办学、定制专业、探索双元制培养、共同开发课程教材，交换专业技术人员、开展联合科研以及共建技术中心，提供培训基地和实习实训基地。主要职责是实训实习的质量监控，共建校内外实训基地，完善行业企业专家数据库，搭建产教融合的沟通交流平台等。

2. 评价内容

（1）教学质量的常态化监控。

职业院校产教深度融合质量内部评价可以分为学校评价、系部评价和教师评价，重点考查产教深度融合的组织与领导、职责履行、合作成果、人才培养方案、人员交流、项目建设、基地建设、毕业生社会声誉、教师成果转化等方面。校内评价以教学督导、专业评估为抓手，组织教育专家、专业领域专家和教学管理等部门进行全面、定期的监控与评价，理论学习以“够用”为度。

校内外实训教学和实训课堂主要是对校内实训条件、教学内容及岗位适应度、企业人力资源、工作团队、技术培训、订单完成、文化提升、流程再造、新产品开发、新技术引进、企业品牌升值等方面进行评估。学生岗位能力形成以“实践”为主，不定期邀请行业企业专家进校园课堂、实训车间对教学内容、方法进行诊断，有助于提高课堂教学与就业岗位的匹配度，提升专业人才培养总体水平。

（2）开展实训实习场地评估与调研。

实践教学是学生岗位能力培养的重要环节，实践教学的实施对教学时间的安排、实训场地的条件、实训设备的配备等物质保障有较高的要求。校内外实训教学评估，应注重对教学时间、实训场所、设备设施等保障条件进行评估，尤其是对实训实习场所建设、运行、管理以及实际绩效等方面进行评估，对发现的问题要及时提出整改意见，并加以落实。评估实施小组要形成定期进实验实训场所调研的制度，并在一定范围内进行通报。

（3）重视对学生学习过程和学习效果的监控。

通过校企合作，校企双方都会在人才培养标准、课程设置内容以及对岗位的基本技能方面进行全面的研讨，并形成一系列理论教学模块、技能教学模块、素质教育模块等教学体系，对这些教学内容的实施和监控往往成为重点。但是对学生学习过程的监控以及学生学习效果的评价往往会过于宽松，尤其是在素质和素养方面的评价难以量化，恰恰这已成为企业对学生选拔的重要条件之一。实践过程的技术指导与技能评价，以及毕业设计所体现的技术创新能力和学术素养的评价是最能充分反映学生学习过程和学习效果的，加强这两个方面的评估有利于人才培养质量的提高。

3. 评价方式

（1）量化考核。

现行的职业院校均建有一系列的考核指标，如生评教、督导教学评价、专业评估、课程考核、职业资格考核等。目前还存在一些无法准确量化的产教融合人才培养评估内容，如校外实训指导教师的评估、工学结合定岗实训过程的评估、校内外实训场地设备条件的评估，以及行业企业参与度评估等。在产教融合与校企一体化的人才培养质量评估体系中应逐步完善可以量化的评估指标，将无法准确量化的评估指标逐步进行量化，最终形成一个较为系统和完善的量化考核体系。该体系能体现理论教学和实践教学的过程、质量，对学生的技能、学识、素养以及未来发展的潜力进行较为准确的评估。

（2）信息化监控。

由于评估过程涉及的空间场地范围正在逐步扩大，教学按照模块化、岗位化方向建设正在细化，教学过程涉及的管理、服务、教学与学生等角色众多，形成的考核信息也十分丰富。要快速分析和处理这些数据，仅仅依靠传统的人工方法进行分析统计，所需要的人力、物力和时间投入将是巨大的，甚至无法完成本应完成的教学质量评估工作。利用智能终端和发达的现代信息技术，可以方便教学质量评估、原始信息的采集、大量数据的统计分析，以及最终分析报告的传阅与公开。

（3）自我评估与第三方评估结合。

传统的教学都很重视学校自己内部的质量监控和评估工作，随着上级教育主管部门将教育质量评估逐步放开，第三方中介评估机构的市场正在形成。充分利用第三方评估机构的评估力量和相对独立性，可以更为全面和客观地反映教学质量的真实情况。具有官方背景的教育评估研究院，具有专业人才的专业评估机构，或者是行业组织等都可以成为具有说服力的第三方质量评估机构。如行业协会作为校企合作的第三方承担产教深度融合的质量评估，可以按照行业企业标准，从产品、工艺创新、组织创新等维度进行权威的评估，对产品生产过程、技术研发过程、实习见习实践课程教学、教师下厂锻炼、员工在岗培训、人才培养方案是否符合行业产业发展等进行检查和评价，按照企业具体评判标准评价学生的考核成绩，反馈生产企业对职业院校人才培养的意见，以及职业院校对搞好企业生产的建议，不断引导和规范产教深度融合。

（4）建立激励制度。

产教融合与校企一体化的教育评估主要目的是不断引导和激励校企积极承担人才培养的责任，为地方经济产业转型提供人才支持。政府相关部门应定期开展产教深度融合督导检查，在此基础上合理设计各种奖惩措施，表彰和奖励那些产教深度融合效果好的生产企业、职业院校、当地社区和行业组织，同时对违反产教深度融合相关法律、规定、政策的生产企业、职业院校、当地社区和行业组织进行不良信息通报等。

二、评价体系与模型的构建

建立科学的评价标准是落实产教融合与校企一体化的人才培养质量监控的前提。通过构建多方多维度的评价指标，避免评价内容的主观性和模糊性，并通过激励手段强化企业在评估体系中的责任意识，最终形成完整的评价体系。同时，依此体系运行机制，构建一个科学的评价模型。

1. 模型构建与评价指标权重设计

产教融合与校企一体化的评价过程是一个人才培养质量全面提升与管理的过程，其管理的模式与美国著名的质量管理专家戴明提出的“戴明环”有极其类似之处，虽然 PDCA 管理循环模式是针对企业而创造出的一种全面质量管理模式，但是其“一个组织以质量为中心，以全员参与为基础而达到长期成功的管理途径，其目的在于让顾客满意和本组织所有成员及社会受益”的理念是可以借鉴的。同时，考虑到产教融合与校企一体化的人才培养受资源条件的影响比一般企业产品生产要大得多，因此在戴明环的基础上增加一个资源条件（resource），形成一个产教融合与校企一体化的质量评价模型 R-PDCA。

根据构建的模型，细分指标体系二级和三级指标，并通过模糊综合评判法结合专家赋值法确定每项指标的权重。权重是反映某一层指标因素相对上一层指标重要程度的量值，它表现了对诸多因素的一种权衡。根据其重要性予以赋值，是评价工作的一项重要工作，其设置体现科学性，决定评估结果的合理可信。

2. 评价权重及指标优化设计

采用简单的排序统计法和模糊综合评判对该模型进行重复性验证，同时剔除一些对权重影响较小的非定量评价指标或描述不清晰的评价指标。

参考文献

[1] 郭杰，朱志坚，陶红 . 产教深度融合背景下广东高职教育发展创新与实践 [M]. 长春：北方妇女儿童出版社，2017.

[2] 严世清 . 服务外包跨界融合型人才培养体系创新研究 [M]. 苏州：苏州大学出版社，2017.

[3] 张岩松 . 新时期高职院校改革发展研究墨香财经学术文库 [M]. 沈阳：东北财经大学出版社，2017.

[4] 胡雁 . 民办本科院校办学特色的探索与实践 [M]. 北京：北京理工大学出版社，2017.

[5] 郑广成，朱翠苗 .“区域耦合、校企协同、互融贯通”的现代职业教育体系模式的探索 [M]. 北京：北京理工大学出版社，2017.

[6] 谭雪梅 . 赢在共融高职院校校企合作案例研究 [M]. 武汉：湖北科学技术出版社，2017.

[7] 邓院方 . 应用型本科教育与高职专科教育衔接提升研究 [M]. 武汉：武汉大学出版社，2017.

[8] 曾学龙 . 民办高职院校思政课协同育人教学模式创新的实践 [M]. 广州：广东高等教育出版社，2018.

[9] 刘印房 . 地方本科高校校企协同创新机制构建研究 [M]. 北京：科学技术文献出版社，2018.

[10] 张宝秀，张景秋，叶晓 . 应用型大学学科专业一体化建设创新与实践 [M]. 北京：知识产权出版社，2018.

[11] 陈晏辉 . 本科层次应用型创新人才培养研究 [M]. 厦门：厦门大学出版社，2018.

[12] 周明星 . 藩篱与跨越高等职业教育人才培养模式与政策 [M]. 武汉：华中师范大学出版社，2018.

[13] 邵建东 . 高职创新发展之路金华职院的探索历程 [M]. 武汉：华中科技大学出版社，2018.

[14] 王军政．新时代研究生教育改革发展与实践探索 [M]. 北京：北京理工大学出版社，2018.

[15] 富宏．高职音乐教育探索 [M]. 北京：北京理工大学出版社，2018.

[16] 陈沉，肖鑫，陈越．“产教融合 MPAcc 教学智库实验平台建设”系列成果“小班＋案例”教学模式改革系列教材管理会计教学案例 [M]. 广州：华南理工大学出版社，2019.

[17] 黄艳．产教融合的研究与实践 [M]. 北京：北京理工大学出版社，2019.

[18] 许士密．行业学院模式下地方高校产教融合专业群建设研究 [M]. 青岛：中国海洋大学出版社，2019.

[19] 蔡贻象，张艳超．专创一体产教融合区域应用型高水平本科院校实践探索 [M]. 沈阳：东北大学出版社，2019.

[20] 杨鹏．实践教学改革与探索 [M]. 北京：北京理工大学出版社，2019.

[21] 滕跃民，汪军，孟仁振．新时代出版印刷高等职业教育教学研究与实践 [M]. 上海：上海三联书店，2019.

[22] 王任祥，傅海威，邵万清．应用型人才培养教学改革案例 [M]. 杭州：浙江工商大学出版社，2019.

[23] 陈长伟．高职院校工学结合专班培养模式创新实践 [M]. 北京：北京理工大学出版社，2019.

[24] 吕一中．新时代背景下学前教育发展研究 [M]. 北京：北京理工大学出版社，2019.

[25] 栾黎荔．产教融合色彩设计实践措施研究 [M]. 武汉：华中科学技术大学出版社，2020.

[26] 娄小韵．产教融合背景下学前教育专业人才培养模式研究 [M]. 长春：吉林人民出版社，2020.

[27] 郑维明．智能制造数字化建模与产品设计 [M]. 北京：机械工业出版社，2020.

[28] 邓艳君．高职思想政治教育滋养工匠精神研究 [M]. 长沙：湖南大学出版社，2020.

[29] 刘建林，朱晓渭．陕西高等职业教育改革创新实践研究 [M]. 北京：北京理工大学出版社，2020.

[30] 丁家云，瞿胜章，艾家凤．应用型本科高校教育教学研究 [M]. 合肥：中国科学技术大学出版社，2016.

[31] 鲍桂楠 . 当代高职院校改革发展研究 [M]. 徐州：中国矿业大学出版社，2016.

[32] 梁建军，张宝成 . 高职院校专业对接产业研究与实践 [M]. 合肥：中国科学技术大学出版社，2016.